Elisabeth Beck-Gernsheim

Die Kinderfrage heute

Über Frauenleben,
Geburtenrückgang und Kinderwunsch

Verlag C. H. Beck

Einzelne Teile des Buches gehen auf Elisabeth Beck-Gernsheim,
Die Kinderfrage, 3. Auflage 1997, zurück.

Originalausgabe

© Verlag C. H. Beck oHG, München 2006
Gesamtherstellung: Druckerei C. H. Beck, Nördlingen
Umschlagentwurf: +malsy, Willich
Umschlagabbildung: © K. Berner
Printed in Germany
ISBN-10: 3 406 54776 1
ISBN-13: 978 3 406 54776 8

www.beck.de

Inhalt

**I. Die Demographie-Debatte:
Der Geburtenrückgang wird Medienereignis** 7

1. Deutschland – ein Schwundland? 7
2. Akteure und Positionen 12
3. Die Frauen im Blickfeld 15

II. Die Chancen und Zwänge des «eigenen Lebens» . . . 25

III. Stationen in der Geschichte der Mutterschaft 29

1. Die Familie in vorindustrieller Zeit 29
2. Die Entstehung der bürgerlichen Familie 33

**IV. Der erste Geburtenrückgang:
Frauen und Mütter im ausgehenden 19. Jahrhundert** . . . 55

1. Veränderungen im Leben der Frau 55
2. Mutterschaft kann materielle Sicherung bieten 61
3. Mutterschaft wird auch zur Belastung 67
4. Der Einfluß der neuen Erziehungsnormen 80

**V. Die 1950er und 1960er Jahre:
Traditionelle Leitbilder und Vorzeichen der Wende** 85

1. Das «Goldene Zeitalter» von Ehe und Familie 85
2. Veränderungen im Leben der Frau 87
3. Der Wandel in der Kindererziehung 94

VI. Der zweite Geburtenrückgang beginnt 101

1. Eine neue Entscheidungssituation:
   Der Kinderwunsch 102

2. Ein Stück Selbständigkeit bewahren 104

**VII. Der Geburtenrückgang setzt sich fort:
Von 1965 bis heute.** 113

1. Neue Angebote der Fortpflanzungsmedizin:
   Von der Pille zur Pränataldiagnostik 113

2. Vereinbarkeit von Beruf und Familie:
   Ein Credo zwischen Umsetzungsversuchen
   und Widerständen 120

3. Hausarbeitsmigrantinnen oder:
   Die neue Arbeitsteilung zwischen den Frauen 129

4. Ausblick 133

VIII. Zukunftsaussichten 135

1. Enttäuschte Erwartungen oder:
   Die Unzufriedenheit der zweiten Generation 135

2. Modell I: Vorwärts zurück zur Sonderrolle der Frau . . . 142

3. Modell II: Je näher zur Gleichberechtigung,
   desto mehr Kinder 145

Anmerkungen 151
Literaturverzeichnis 161

I. Die Demographie-Debatte:
Der Geburtenrückgang wird Medienereignis

1. Deutschland – ein Schwundland?

Deutschland im Frühjahr 2006: Die Geburtenzahlen werden als Gesellschaftsthema neu entdeckt. In den Medien beginnt eine sich schnell ausweitende Debatte um Geburtenrückgang, Familie und Frauen. Journalisten, Wissenschaftler, Politiker beteiligen sich, kontroverse Standpunkte zeichnen sich ab, der Austausch der Argumente wird vielfach von Emotionen begleitet. Hier zunächst ein Blick auf den äußeren Verlauf der Debatte:

Den Anfang macht «Minimum», das neue Buch vom Mitherausgeber der Frankfurter Allgemeinen Zeitung, *Frank Schirrmacher*.[1] Nach seinem vorangehenden Buch «Methusalem-Komplott», einer provokanten Darstellung der alternden Gesellschaft, entwirft *Schirrmacher* nun ein weiteres Krisenszenario der demographischen Lage. Darin erscheint die Familie als Ort der Selbstlosigkeit und Schutzraum, der uns gegen Gefahren absichert und das Überleben ermöglicht. Aus diesem Blickwinkel wird dann das heutige Deutschland betrachtet: als Land der Familienverweigerung, wo die Menschen – indem sie den Nachwuchs auf ein «Minimum» reduzieren – die elementaren Grundlagen des sozialen Zusammenlebens, ja des Überlebens gefährden.

Sofort greift der SPIEGEL das Thema auf, ja macht sogleich eine Titelgeschichte daraus: «Jeder für sich. Wie der Kindermangel eine Gesellschaft von Egoisten schafft».[2] Hier werden die alarmierenden Töne noch lauter: Via «Gebärstreik», «Zeugungsstreik», «Ehestreik»[3] haben wir einen «biologischen Gau»[4] ausgelöst, der in einen sozialen Gau hineinführen wird. Weil in der «modernen deutschen Scheidungsgesellschaft»[5] kaum mehr langfristige Bindungen gedeihen, weil emotionales Urvertrauen kaum noch entsteht, ist der Untergang unausweichlich: Auf der «Reise in eine düstere Zukunft» werden «nach und nach die sozialen Netze reißen, Masche für Masche».[6] Als Ursachen der herannahenden Misere werden Hedonismus und Egoismus benannt, im SPIEGEL-Jargon: die «Ich-Gesellschaft»[7] oder auch «Genussgeneration»,[8] also diejenigen, die «um die Anbetung des eigenen Bauchnabels»[9] kreisen, an ihrer Speerspitze das «gutverdienende, kinderlose Pärchen, das alles anschafft, was gerade angesagt ist».[10]

Soweit die Diagnosen der Medienprofis. Etwa zur gleichen Zeit erscheint eine Veröffentlichung aus dem wissenschaftlichen Bereich, die den Geburtenrückgang weiter in die Schlagzeilen bringt. Es ist eine Publikation des Berlin-Instituts für Bevölkerung und Entwicklung, vorgelegt unter dem Titel «Die demographische Lage der Nation». Sie meldet einen neuen Rekord, freilich im Negativsinn: Deutschland ist bei den Geburtenzahlen «weltweit auf dem letzten Platz» angekommen.[11] In der Politik schließlich beginnt bald darauf der Streit um zwei familienpolitische Maßnahmen – zum einen die Einführung von Vätermonaten, zum anderen die Ersetzung des Ehegattensplittings durch ein Familiensplitting –, wobei auch diese Auseinandersetzung in den Sog des Bevölkerungsthemas gerät und nicht selten in die Frage einmündet, ob sich daraus Effekte im Hinblick auf die Geburtenzahlen ergeben.

Aus diesen Anstößen entwickelt sich in der Folge eine emotional aufgeladene Mediendebatte, mit zahllosen Beiträgen in den großen Blättern der Republik. Da vermischt sich Katastrophenszenario mit Wiegenlied, da stehen Statistiken neben persönlichen Erfahrungsberichten. Auch neue Wortschöpfungen machen die Runde: Die Deutschen, so heißt es nun, leiden an «Nachwuchsschwäche»,[12] sind «kindvergessen»[13] und «unterjüngt».[14] Deutschland ist deshalb eine «kinderkranke Nation»,[15] Deutschland ist «Schwundland».[16] Von der Frankfurter Allgemeinen Zeitung bis zur Süddeutschen Zeitung, vom SPIEGEL bis zur ZEIT und zur WELT: Auf vielen Seiten wird geschrieben und nicht zuletzt auch gestritten, warum immer weniger Kinder geboren werden und welche Folgen das für die Gesellschaft hat, ob der Geburtenrückgang unausweichlich voranschreitet oder ob er aufgehalten werden könnte und sollte.

Kurzum, viel geballte mediale Aufmerksamkeit um das Bevölkerungsthema. Warum kommt es dazu, und warum gerade heute? Was ist die Faktenbasis, wie sicher sind die empirischen Daten, und wie neu, wie überraschend sind sie? Hier können zwei kurze Vergleiche sich als hilfreich erweisen. Als erstes ein Zeitvergleich: Hat sich der Geburtenrückgang tatsächlich verstärkt? Zweitens ein internationaler Vergleich: Hat Deutschland wirklich die niedrigsten Geburtenzahlen der Welt?

Kurzer Blick auf die Fakten

Die Familien in Deutschland sind klein, die Kinderzahlen gering: Soviel zumindest weiß heute jeder, dank wissenschaftlicher Studien wie einschlägiger Medienberichte. Weit weniger bekannt allerdings ist, daß diese Entwicklung nicht erst gestern begonnen hat, sondern viel früher. Es war um 1900, als in Deutschland der erste Geburtenrückgang einsetzte. Nachdem dann in den 1950er und frühen 1960er Jahren kurzfristig ein Babyboom verzeichnet wurde, begann im Jahr 1965 das, was die Bevölkerungswissenschaftler als zweiten Geburtenrückgang bezeichnen:[17] Die Geburtenzahlen gingen zurück, sanken weiter und sind seit einigen Jahren annähernd konstant geblieben – freilich auf niedrigem Niveau.[18] Im Jahr 2005, so meldete die Frankfurter Allgemeine Zeitung, hat diese langfristige Entwicklung nun aber einen symbolträchtigen neuen Tiefpunkt erreicht, nämlich weniger als 676 000 Geburten, und das bedeutet: «Im Vergleich zum Jahr 1964, als in der Bundesrepublik und in der DDR mit insgesamt 1,357 Millionen Kindern ein Geburtenrekord erreicht wurde, hat sich die Zahl der Babys sogar halbiert».[19]

Solche Zahlen klingen beeindruckend, doch bei näherer Betrachtung sind sie mit einem Schönheitsfehler behaftet. Zu dem Zeitpunkt, als diese Meldung den Weg durch die Medien nahm, lagen noch keine gesicherten Daten vor, erst vorläufige Schätzungen. Und es gab andere Schätzungen, etwa zeitgleich vom Bundesinstitut für Bevölkerungsforschung vorgelegt, wonach die Geburtenzahlen etwas höher ausfielen.[20] Tatsächlich, so hat sich inzwischen gezeigt, lag die letztere Schätzung richtig, es wurden 686 000 Kinder geboren.[21]

Hinzu kommt, der Geburtenrückgang trifft nicht Deutschland allein, sondern ist kennzeichnend für fast alle hochindustrialisierten Länder. Dazu ein Blick auf Europa, auf die Entwicklung in den letzten Jahrzehnten:

Kinderzahl je Frau, Europäische Länder, 1970 – 2000

Land	1970	1980	1990	2000
Irland	3.93	3.25	2.11	1.89
Frankreich	2.47	1.95	1.78	1.89
Norwegen	2.50	1.72	1.93	1.85
Luxemburg	1.98	1.49	1.60	1.79
Dänemark	1.95	1.55	1.67	1.77
Finnland	1.83	1.63	1.78	1.73
Niederlande	2.57	1.60	1.62	1.72
Belgien	2.25	1.68	1.62	1.66
Grossbritannien	2.45	1.90	1.83	1.65
Schweden	1.92	1.68	2.13	1.54
Portugal	3.02	2.18	1.57	1.52
Schweiz	2.10	1.55	1.58	1.50
Deutschland	2.03	1.56	1.45	1.36
Österreich	2.29	1.62	1.45	1.34
Griechenland	2.39	2.21	1.39	1.29
Spanien	2.88	2.20	1.36	1.24
Italien	2.42	1.64	1.33	1.23

Quelle: Kiernan 2004, S.22

Wie man unschwer erkennen kann, sind die Geburtenzahlen in Deutschland niedriger als in vielen anderen Ländern. Aber Deutschland weltweit am untersten Ende, wie das Berlin-Institut behauptete? Das ist ein Mythos, entstanden durch die bereits genannte Publikation des Berlin-Instituts, die von einem sehr groben Meßwert ausging, nämlich Geburten je 1.000 Einwohner. Nimmt man dagegen den in der Demographie üblichen, nämlich zuverlässigeren Meßwert – die durchschnittliche Kinderzahl je Frau – , verschiebt sich das Bild. Dann kann, so das Bundesinstitut für Bevölkerungsforschung, «keine Rede davon sein, daß ... Deutschland Spitzenreiter im negativen Sinn bei den Geburtenzahlen sei».[22] Dann gibt es eine Reihe von Ländern – insbesondere in Südeuropa und Osteuropa –, wo die Geburtenzahlen noch niedriger liegen.

Kinderzahl pro Frau (zusammengefaßte Geburtenziffern) in europäischen Staaten (Stand: 2003/2004)

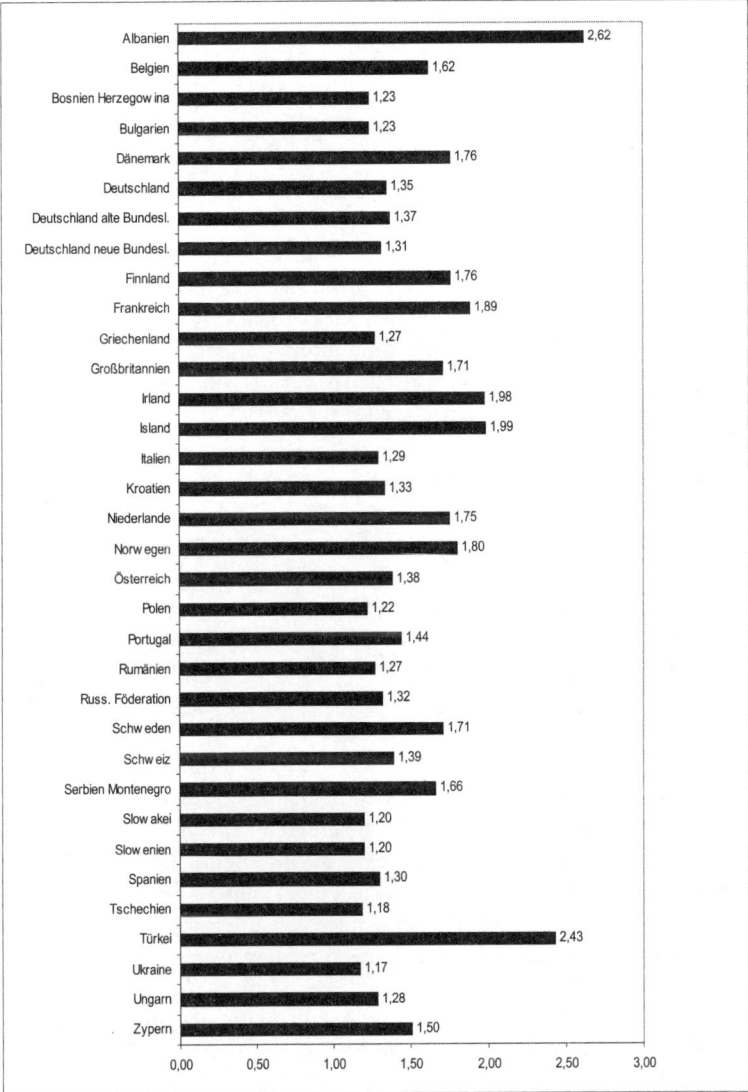

Quelle: Bundesinstitut für Bevölkerungsforschung 2006

2. Akteure und Positionen

So gesehen ist die aktuelle Dramatisierung des Geburtenrückgangs wesentlich ein Medienereignis, offensichtlich entstanden aus der Konkurrenz um Aufmerksamkeit, Schlagzeilen, Verkaufszahlen; nicht zuletzt auch eine gezielt inszenierte Werbekampagne, um eine neue Publikation prominent zu plazieren und zum Bestseller zu machen. Und wer sich in der Geschichte ein wenig auskennt, der weiß: Ähnliche Debatten hat es auch schon früher gegeben. *Schirrmacher*, SPIEGEL und Co haben das Thema Geburtenrückgang zwar wiederaufgegriffen und medienwirksam gestaltet – aber es hat lange davor schon manche Konjunkturen erlebt. Die aktuelle Erregungskurve hat ihre historischen Vorläufer, pointiert zusammengefaßt: «Wir sterben immer wieder aus».[23]

Vom nationalen Untergang zur unsicheren Rente

In älteren Diskussionen um Bevölkerung und Bevölkerungsentwicklung war «das Nationale» und dessen Erhalt stets ein zentraler Bezugspunkt. Von daher war damals auch der Blick auf den Geburtenrückgang geprägt: Im frühen 20. Jahrhundert beklagten Bevölkerungswissenschaftler den «drohenden Volkstod», sprachen vom «Volk ohne Jugend», und das erwartete Aussterben der Deutschen erschien als nationale Tragödie.

Wenn man vor diesem Hintergrund die aktuelle Debatte betrachtet, so ist zunächst einmal auffallend, was heute *nicht* gesagt wird, was fehlt. Was immer die Beteiligten denken, was immer an manchen Stammtischen geredet wird – im öffentlichen Raum sind nationale Appelle, nationalistische Töne kaum zu finden. Oder genauer, sie sind nur als Untertöne präsent, werden aber nicht explizit zur Botschaft gemacht. Nach der problematischen Allianz zwischen Bevölkerungswissenschaft und Politik, die Deutschland während der NS-Zeit erlebte, sind Argumentationen, die um «Volk» und «Vaterland» als Bezugspunkte kreisen, weitgehend diskreditiert. «Demographie ist vermintes Gelände»,[24] so hat das einer der Beteiligten in der aktuellen Debatte formuliert, und offensichtlich hat diese Erkenntnis die Runde gemacht. Auch da, wo der Geburtenrückgang als Krisenszenario dargestellt wird, sind die Vorzeichen nachhaltig verändert. Man könnte sagen, eine Art Problemverschiebung hat stattgefunden, vielleicht auch: eine Profanisierung. Nicht mehr das «Aussterben der Deutschen» wird als Katastrophe beklagt und zum Weltuntergangsdrama stilisiert. Statt dessen die Brüche im Generationenvertrag, unsichere Renten, überlastete Sozialsysteme, stagnierende Wirtschaft – das sind die Stichworte, die typischen Schreckensszenarien von heute.

Wer gegen wen?

In den 1970er Jahren, als das Ende des Babybooms zunehmend sichtbarer wurde, der Geburtenrückgang wieder einmal ins Blickfeld geriet, war das Geschlechterverhältnis in besonderer Weise spannungsgeladen. «Emanzipation» war das Schlagwort der Zeit – und war gleichzeitig das Reizwort, das endlose Tumulte und Turbulenzen auslöste, nicht zuletzt auch in die Diskussion um die Geburtenentwicklung hineinwirkte. Dabei traten insbesondere zwei Gruppen hervor, die jeweiligen Gegenpositionen verkörpernd. Auf der einen Seite die Frauen der sich neu formierenden Frauenbewegung, von revolutionärem Eifer erfüllt, die die traditionelle Mutterrolle als Unterdrückungsinstrument begriffen und die Parole «Mein Bauch gehört mir» formulierten, die zum Gebärstreik aufriefen und für die Freigabe der Abtreibung demonstrierten. Und auf der anderen Seite die Politiker, Wissenschaftler, Leitartikel-Schreiber der konservativen Fraktion, denen Mutterschaft als eigentliche Bestimmung und Erfüllung der Frau galt – und die deshalb die Protestaktionen der Frauenbewegung als Verirrung ansahen, ein Ergebnis von Selbstsucht und falschem Bewußtsein.

Und heute dagegen? Heute sind die Töne meist weniger schrill, auf beiden Seiten ist man vorsichtiger geworden. Die Frauenbewegung, oder was es davon noch gibt, hat an Sturmkraft verloren und ist den zähmenden Weg durch die Institutionen gegangen; und ihre Gegner, sofern sie sich als solche noch öffentlich äußern, wissen inzwischen, daß das Thema Geschlechterverhältnis politischen Sprengstoff enthält und diplomatische Wortwahl erfordert. Dennoch lassen sich in der Fülle der Beiträge einige männertypische und frauentypische Argumentationsmuster erkennen. Im allgemeinen sind es eher die Männer, die das demographische Krisenszenario verbreiten, während Frauen sich häufig verwahren gegen das «Geburtenraten-Krisengetöse»,[25] gegen die «Propagandaschlacht für Fortpflanzung»,[26] gegen die «Gebär-Animationskampagnen».[27] Manchmal wird die Differenz zwischen Männerblick und Frauenblick, Männererfahrung und Frauenerfahrung auch offen zum Thema gemacht, als Gegensatz etwa zwischen «männlichen Planspielen und ... weiblicher Wirklichkeit».[28] So spricht *Iris Radisch* von den «neuen älteren Herren», die die jungen Frauen unablässig an ihren patriotischen Auftrag erinnern;[29] *Susanne Gaschke*s Beitrag zur Bevölkerungsdebatte trägt die Überschrift «Wenn Männer dröhnen»;[30] und *Alice Schwarzer* bezeichnet die entsprechenden Krisenszenarien als «Panik im Patriarchat».[31] Auf der Gegenseite macht *Stefan Dietrich* die «feministische Befreiungsideologie»[32] als die eigentlich Schuldige aus, weil sie den Frauen falsche Ziele suggeriere und damit das Kinderkriegen verleide.

Aber gleichzeitig sind die Trennlinien zwischen Männern und Frauen durchaus auch unscharf, es gibt Abweichler und Ausbrecher auf beiden Seiten. Trotz mancher Gegensätze: die Gefechte bleiben begrenzt, ein Geschlechterkampf mit festen Fronten findet nicht statt.[33]

Dafür zeigt sich eine zweite Ebene der Polarisierung: Die deutsche Medienlandschaft ist, grob zusammengefaßt, in zwei Lager gespalten. Auf der einen Seite stehen diejenigen Blätter – vertreten vor allem durch Frankfurter Allgemeine Zeitung und SPIEGEL –, die unermüdlich die demographische Krise betonen; und auf der anderen Seite diejenigen – unter den überregionalen Blättern vor allem die ZEIT und die Süddeutsche Zeitung –, die zu solchen Thesen eher Distanz halten. In der Frankfurter Allgemeinen Zeitung schreibt z.B. *Andreas Kilb*, und dieser Satz könnte geradezu als Motto für die Position des Blattes fungieren: «Die Nachwuchsfrage ist zum Kernproblem der Gesellschaft geworden»,[34] davon werde der «zukünftige Aufstieg oder Niedergang dieses Landes» abhängen.[35] Dagegen stellt *Josef Joffe*, Mitherausgeber der ZEIT, auf der Titelseite des Blatts bewußt provozierend die Frage «Kinderschwund – na und?».[36] Und in der Süddeutschen Zeitung bemerkt *Alex Rühle* mit Blick auf *Schirrmacher*, Ziel solcher Thesen sei wohl das «Gebärmutterverdienstkreuz» für Frauen.[37] Aber auch hier sind die Trennlinien zwischen den Lagern unscharf, es gibt Ausnahmen und Abweichungen vom Grundmuster.

So lassen sich in der Demographie-Debatte also polarisierte Deutungen und Positionen ausmachen, mit je eigenen Akzenten und thematischen Ausschnitten. Aber gleichzeitig gibt es eine Fragestellung, die wie ein Leitmotiv immer wieder auftaucht, und zwar quer durch die Lager; die in vielen Beiträgen zumindest anklingt, oft auch direkt ins Zentrum gestellt wird. «Demographische Debatten waren immer schon verdeckte Debatten über die Rolle der Frau»,[38] so hat es *Alice Schwarzer* in einem Interview mit dem SPIEGEL formuliert, und dieser Satz kennzeichnet auch die Inhalte und Streitpunkte der aktuellen Debatte. Fast unausweichlich führt das Thema Geburtenrückgang hinein in Diskussionen um die Rolle der Frau, die Stellung und Lebensplanung von Frauen. Und hier erst recht wird das Klima der Debatte spürbar aufgeheizt und spannungsgeladen. Hier wird nicht mehr um Abstraktes gestritten, um gesamtgesellschaftliche Kostenbilanzen und Belastungsfaktoren, statt dessen wird das Thema nun nah und persönlich. Ob Männer, ob Frauen, ob offen, ob unausgesprochen: Hier wird auch über Entscheidungen der eigenen Lebensgeschichte verhandelt. Hier begegnen sich unterschiedliche Weltbilder, Selbstbilder, Fremdbilder.

3. Die Frauen im Blickfeld

Berufstätigkeit ja – aber nur in geburtenfreundlichen Maßen

In der wissenschaftlichen Diskussion werden stets mehrere Einflußfaktoren bzw. Ursachen genannt, die zum Rückgang der Geburtenzahlen beitragen. Die populärwissenschaftlichen Autoren dagegen, die die demographische Krise betonen, haben andere Prioritäten, sie wollen Überschaubarkeit und einfache Bilder. Sie haben vorzugsweise eines im Blick: die Konkurrenz zwischen Kinderwunsch und Berufswunsch. Aus dieser Perspektive stellt die Frauenerwerbstätigkeit, zurückhaltend formuliert, ein gesellschaftliches Problem dar. Oder direkter gesagt: Die Frauenerwerbstätigkeit ist der gewissermaßen natürliche Feind derer, die auf Geburtensteigerung hoffen.

Aber so offen würde das kaum einer mehr aussprechen. Denn hier, das weiß man, beginnt politisch sensibles Gelände. Von der Gesetzgebung über die Politik bis hin zu den Medien, in allen Bereichen des öffentlichen Lebens ist die Gleichheitsnorm – verstanden als Gleichheit der Rechte und Teilhabechancen – inzwischen fest etabliert. Nur wer ahnungslos ist oder heroischer Kämpfer, tritt heute noch an mit direkten Devisen der Art «Frauen zurück an den Herd». Das ist auch in der Demographie-Debatte zu spüren: Nur wenige wollen sich beim Reizthema «Frau und Beruf» weit hervorwagen. Aggressive Aussagen wie etwa, die Frauenbewegung habe die «Ausrottung der Hausfrauen»[39] zum Ziel; oder die «pervertierte Emanzipation» habe «die Frauen massenhaft in Beschäftigungsverhältnisse getrieben, in denen sie sich selbst und ihren Familien entfremdet wurden»[40] – solche aufgeladenen Formulierungen sind eher selten.

Beliebter statt dessen sind die moderater gestimmten Formen der Aussage, die zunächst den Berufswunsch von Frauen als legitim anerkennen – dann aber besondere Spielregeln für Mütter hinzufügen. Das Repertoire, bereits aus anderen Diskussionen bekannt, findet sich nun auch in der Demographie-Debatte wieder, die altneuen Vorschläge lauten: Berufsunterbrechung, Teilzeitarbeit, Begrenzung der beruflichen Ambitionen. Im Sinne der ersten Option, der Berufsunterbrechung, wird z.B. von «sechs- oder zwölfjähriger Kinderpause»[41] gesprochen (während derselbe Beitrag, das sei am Rande erwähnt, vehement gegen die sogenannten Vätermonate zu Feld zieht); an anderer Stelle findet sich der tröstende Hinweis, daß «eine Karriere letztlich nicht primär dadurch entschieden wird, ob jemand drei oder auch fünf Jahre pausiert hat».[42] Bei Teilzeitarbeit, der zweiten Option, wird auf die Interessen der Frauen selbst verwiesen, die, so der Autor, in ihrer «überwältigenden Mehrheit» diese Arbeitsform wünschen, weil sie «auf innigen Umgang mit ihren Kindern ganz und gar nicht verzichten wollen».[43] Für die dritte Option, das Zurückschrauben der beruflichen Ambitionen, steht ein Plädoyer, das die Leser/Leserinnen zur Neubestimmung der inneren Prioritäten aufruft und zur Besinnung auf das, was das Leben lebenswert macht: «Für ein gutes Gehalt lausige Arbeitszeiten und die ständige Angst vor Kündigung oder Arbeitslosigkeit zu ertragen und deswegen keine Familie zu gründen ist nicht wahre Lebensqualität. Nicht der Verzicht auf Kinder, sondern das Haben von Kindern ist der höhere Grad von Selbstverwirklichung». Mit anderen Worten, die «Emanzipation mit Kind» ist die wahre Emanzipation.[44]

Berufsunterbrechung, Teilzeitarbeit, Begrenzung der beruflichen Ambitionen – das sind typische Vorschläge aus der demographischen Krisenfraktion. Ihre Devise für Frauen heißt, pointiert zusammengefaßt: Beruf ja – aber nur in geburtenverträglichen Maßen.

Die Macht der Biologie

Weil diese Formel vielleicht doch anstößig sein könnte, am Postulat der Chancengleichheit gemessen, wählen Vertreter der Krisenfraktion gern einen Bezugsrahmen, der unangreifbar erscheint und höhere Weihen verheißt: Sie berufen sich auf die Biologie, die Gesetze der Natur. Die Biologie, so heißt es hier, gibt den Schlüssel vor für die Arbeitsteilung zwischen Männern und Frauen. Auf der Biologie – auf der Tatsache, daß Frauen es sind, die Kinder austragen, gebären und stillen – gründet sich auch das besondere Nähe-Verhältnis, die Symbiose Mutter-und-Kind.

In diesem Sinne verweisen schon *Schirrmacher* und SPIEGEL immer wieder auf die «Evolutionsbiologie»[45] und das «Stammhirn»,[46] Familie gilt ihnen als «Urgewalt»,[47] ja etwas «Urzeitliches».[48] Im Programm der Natur ist das Geschlechterverhältnis angelegt, von daher bestimmt sich auch, was für das Überleben der Gemeinschaft unverzichtbar ist, als besondere Aufgabe der Frauen: die «Gabe der Selbstlosigkeit und Aufopferungsfähigkeit».[49] Von der Macht der Biologie handelt auch ein Beitrag in der Frankfurter Allgemeinen Zeitung, der zur geplanten Einführung von Vätermonaten vehement Stellung bezieht. Für den Autor sind solche Pläne eine Abweichung vom Pfad der Natur, deshalb zum Scheitern verurteilt: Die Frauen wollen selbst für das Kind sorgen, mit dem sie eine ganz elementare Nähe verbindet: «das in ihrem Leib gewachsen ist, ... von ihnen geboren wurde, ihre Milch trinkt». Die Väter dagegen, von der Natur nicht zur Kleinkindbetreuung bestimmt, nun aber in eine falsche Rolle gezwängt, werden die entsprechende Zeit zu ganz anderen Zwecken nutzen.[50] Ebenfalls auf die biologischen Unterschiede zielt ein Text ab, von dem Journalisten *Ulrich Greiner* verfaßt, die Überschrift lautet bezeichnend: «Was der Mann nicht kann». Während Frauen, so sieht es der Autor, heute in praktisch allen Bereichen mit den Männern mithalten können, ist der Mann das Defizit-Wesen: Ihm ist das Eine, das Wahre und Elementare, eben das Kinderkriegen, verwehrt. Um so mehr preist der Autor «das Geheimnis, die Größe» von Mutterschaft, spricht in geradezu lyrischen Tönen vom Gebären, Stillen und Wechseln der Windeln: für ihn ein «erotisches Erlebnis höchster und seltenster Art». Und bedauernd vermerkt er, daß die Frauen diese ihre ureigensten Gaben nicht mehr zu würdigen wissen: Sie «scheinen vergessen zu haben, [daß sie] «gebären und damit eine einzigartige Macht ausüben können».[51]

Die wohl ausgiebigste Anleihe bei der Biologie liefert im fortgeschrittenen Stadium der Debatte eine Frau, die Tagesschau-Sprecherin *Eva Herman*. Ihr Beitrag beginnt mit dem Vorwurf, «der Feminismus [habe] die Frauen ... für die Mutterrolle unbrauchbar gemacht». Danach betrachtet sie den «biologischen Kontext», und der sieht ihres Erachtens so aus: «Der Mann steht in der Schöpfung als der aktive, starke und beschützende Part, die Frau dagegen als der empfindende, mitfühlende, reinere und mütterliche Teil». Aber wenn Frauen sich «zunehmend zu maskulinen Wesen entwickeln, ... wenn wir gegen die Natur arbeiten, ... führt [das] ... unweigerlich in die Entweiblichung der Frau». Dann «lähmen wir jede starke Männlichkeit in unseren Partnern». Und das Ende ist klar: «Wir sterben aus».[52]

Darauf antwortet *Theodor Hellbrügge*, emeritierter Professor für Sozialpädiatrie, und er beginnt seine Stellungnahme mit den Worten: «Frau Herman ist ein Glücksfall.» Nach *Hellbrügge* ist es ein unverbrüchliches Gesetz der Natur, daß das Kind die Mutter als erste und wichtigste Bezugsperson braucht. Deshalb ist die Mutter unersetzlich, so sein Credo: Nur wenn die Mutter präsent ist, nur wenn die Mutter selbst betreut und erzieht, kann das Kind wirklich gedeihen. Wenn die Mutter dagegen bald wieder berufstätig wird, «nimmt [sie] ... ihrem Kind entscheidende Entwicklungsmöglichkeiten». Und das Ergebnis solch «fahrlässigen Umgangs»? Die Kinder zeigen Symptome schwerer Störung, in dramatischem Ausmaß «Bindungslosigkeit und Aggression».[53]

Das Fehlen der Männer und der Alltag der Mütter

Je mehr solche Aussagen im Gefolge der Demographie-Debatte Aufwind erhalten, desto mehr wachsen auf der Gegenseite Irritation, Widerspruch, Wut. Waren es anfangs Männer, Medienprofis, die die Diskussion in Gang setzten, so melden sich im weiteren Verlauf immer mehr auch Frauen zu Wort. «So wütend bin ich schon lang nicht mehr gewesen», beginnt ein Artikel, erschienen in der Frauenzeitschrift BRIGITTE.[54] In der Demographie-Debatte, so die Autorin, wird «das Frauenbild aus dem vorigen Jahrhundert entmottet», das «Heimchen am Herd». Ähnliche Empörung kennzeichnet auch die Stellungnahme einer weiteren Journalistin: «Es ist eine Frechheit ... Wie kann es sein, daß 2006 das Kinderkriegen zur alleinigen Frauensache erklärt wird? Wo sind die potentiellen Väter dazu? ... Grotesk ist der öffentliche Umgang mit einem Thema, das eigentlich das natürlichste der Welt sein sollte: Kinder.»[55]

Die Männer, die Väter: von ihnen ist auf dieser Seite der Demographie-Debatte häufig die Rede. Die entsprechenden Autoren/Autorinnen weisen auf einen bezeichnenden weißen Fleck in der Art, wie das Thema Geburtenrückgang vielfach verhandelt wird: Da ist der Blickwinkel allein auf die Frauen fixiert, während die Männer unsichtbar bleiben. «Männer und Väter spielen in dieser Diskussion keine Rolle».[56] Eine solche Auslassung – so heißt es nun – ist aber fatal, gerade wenn man den Geburtenrückgang im Blick hat: denn der wird sich nicht aufhalten lassen ohne ein «neues Rollenverständnis von Vätern».[57]

In deutlichen Tönen setzen sich die Autoren/Autorinnen dieser

Seite auch ab von den vorherrschenden Bildern zum Thema Frau-enerwerbstätigkeit. Sie halten dagegen: Die Konkurrenz zwischen Berufswunsch und Kinderwunsch ist kein Schicksal, das zwangs-läufig über uns kommt. Nicht die Frauenerwerbstätigkeit als solche ist es, die den Kinderwunsch bremst, sondern die kinderfeindlichen, mütterfeindlichen Rahmenbedingungen. Zum Beispiel der eklatante Mangel an angemessenen Betreuungsangeboten für Kinder. «Deutschland ist familienpolitisch da, wo Albanien geopolitisch in den Siebzigern war, hoffnungslos hintendran, ideologisch verbohrt. Es gibt europaweit die wenigsten Betreuungsplätze und noch weniger Ganztagsschulen».[58] Oder das Schulsystem, das auf die Mutter als Hilfslehrerin setzt. Deutschland ist das «Land der Muttis ... Ohne Hausfrauen müßte das deutsche Schulsystem den Offenbarungseid leisten».[59] In den Ländern dagegen, wo nicht mehr das traditionelle Modell vorherrscht, wo flexiblere Arbeits-, Lebens-, Familienformen sich durchsetzen, da bekommen die Frauen auch deutlich mehr Kinder. «In Gesellschaften, die moderneren Formen des Zusammenlebens gegenüber aufgeschlossen sind und berufstätige Mütter vielfältig unterstützen, wo ... sich mehr Väter um den Nachwuchs kümmern, in Ländern also wie Frankreich, Schweden oder Island, kommen wesentlich mehr Kinder zur Welt als in Italien, Spanien oder Deutschland.»[60] Das Postulat auf der Gegenseite heißt also: Wenn man den Geburtenrückgang aufhalten will, dann sind die in der bisherigen Debatte genannten Konsequenzen die falschen. Denn nicht um Biologie geht es, sondern um die Gesellschaft und deren Wandel, um politische Maßnahmen. «Es ist ... nicht Sache der Frauen, sich jetzt auf ihre biologische Besonderheit zurückzubesinnen ... In erster Linie ist jetzt der Staat gefragt, Bedingungen zu schaffen, in denen Kinderkriegen wieder etwas Selbstverständliches wird.»[61]

Schließlich ist auf dieser Seite der Demographie-Debatte auffallend viel auch vom Alltag der Mütter die Rede, und zwar mit charakteristisch eigener Betonung: als bewußte Gegen-Erzählung zu den Darstellungen derer, die unablässig die Erhabenheit von Mutterschaft preisen. Unter dem Titel «Der Preis des Glücks» leuchtet *Iris Radisch* die prosaischen Seiten aus, die Niederungen von Muttersein heute, bringt gezielt auch die «unbequemen Wahrheiten» ins Blickfeld. Deren wichtigste lautet: «Eine Frau, die Kinder bekommt, muß ihr Leben ändern; ein Mann, der Kinder bekommt, nur einen Lebensabschnitt». Das bedeutet: «Ein Mann, der ein Kind bekommen hat, kann sich weiter verwirklichen ... Eine Frau kann das nicht mehr». Dies gilt in verschärfter Form dann, «wenn der Vater beschlossen hat, seine Vaterschaft an den Nagel zu hängen»: dann ist die Frau zu pausenlosem Dauereinsatz verpflichtet. Und auch im glücklichen Fall, wenn das Paar ein Paar bleibt, ist es vor allem die Mutter, die konfrontiert wird mit dem Regime der hochgesteckten pädagogischen Ansprüche, mit all den Erziehungsratgebern und Eltern-Zeitschriften, die heute in Mittelschicht-Familien zum selbstverständlichen Standard gehören. Kinder, so deren unablässig wiederholter Refrain, «brauchen liebevolle Ansprache, Vorlesen, Singen, Erzählen, gemeinsame Erlebnisse». All dies sind nach *Radisch* unbestritten auch Momente des Glücks, nur: Sie summieren sich zu einem Ganztagsprogramm, in dem kaum Raum bleibt für eigene Aktivitäten der Mutter. Berufliches Engagement, so überhaupt noch versucht, ist mit hohen persönlichen Kosten verbunden. «Die angepriesene Vereinbarkeit von Beruf und Kindern ist eine Schimäre. Da gibt es nämlich nichts zu vereinbaren. Da gibt es nur etwas zu addieren. Und zwar Arbeit plus Arbeit. Und das Ergebnis ist: Erschöpfung».[62]

Die Unsichtbarkeit der Männer in der Demographie-Debatte, ungünstige Rahmenbedingungen, der Alltag der Mütter mit seinen prosaischen Seiten – das sind typische Bausteine im Argumentationsmuster derer, die sich auf die Geburtenkampagne nicht einlassen wollen. Ihre Aussagen richten sich nicht gegen Mutterschaft und nicht gegen Kinder, um so mehr aber gegen die Forderungen, die sich hier und heute damit verbinden. Kinderhaben als Lebensprogramm, das alles andere verdrängt? Eine solche Erwartung ist ungerecht, sie ist für alle Beteiligten ungut, und sie ist keineswegs unverrückbar qua Natur vorgegeben, so heißt der Gegen-Entwurf. Demnach sind andere Formen von Mutterschaft nicht nur denkbar, sondern werden anderswo auch mit Erfolg praktiziert. Mit anderen Worten, auf eine Formel zusammengefaßt: Kinder ja – aber nur unter bestimmten Bedingungen. Nur wenn noch Raum bleibt für ein Stück eigenes Leben.

Die Demographie-Debatte, so das Fazit der bisherigen Überlegungen, hat die Diskussion um Geschlechtsrollen neu aufleben lassen. In der Vielfalt der Beiträge lassen sich dabei zwei polarisierte Lager ausmachen, in Stichworten zusammengefaßt: hier der Blick allein auf die Frau, dort Kritik an der Unsichtbarkeit der Männer; hier Verweis auf Biologie, dort auf gesellschaftliche Bedingungen; hier die Größe und Erhabenheit von Mutterschaft, dort der Alltag der Mütter in seinen prosaischen Seiten. Unterm Strich werden zwei gegensätzliche Devisen daraus. Bei den Vertretern des Krisenszenarios: Frauenerwerbstätigkeit ja – aber nur in geburtenverträglichen Ausmaßen. Bei den Skeptikern der Geburtenkampagne: Kinder ja – aber nur wenn noch Raum bleibt für ein Stück eigenes Leben.

Damit sind wir bei einem entscheidenden Punkt angekommen, was Kinderwunsch und Geburtenrückgang angeht. Ein Stück eigenes Leben – wie ist dieser Anspruch zu deuten, ist er: ein Erfolg? Ein Skandal? Ein historischer Fortschritt? Ein Irrweg? Und überhaupt, was genau besagt dieser Anspruch, woher kommt er, was will er?

Von diesen Fragen – und den Konflikten und Kämpfen, die darum entstehen – handelt das vorliegende Buch. Im Zentrum steht das Spannungsverhältnis zwischen Mutterschaft und dem eigenen Leben der Frau, das heute – nachdem es schon eine lange Vorgeschichte durchgemacht hat – noch einmal dringlicher und bedrängender wird. Wo Muttersein früher selbstverständlich zum Leben der Frau dazugehörte, wird zunehmend ein Problem daraus. Kind oder Nicht-Kind? heißt heute die Frage, und für viele Frauen wird daraus ein langer Entscheidungsprozeß. Was die Frauen dabei bewegt, zum Zögern und vielfachen Abwägen bringt, ist kein bloß privater Konflikt. Dahinter steht vielmehr der epochale Wandel von der vormodernen zur modernen Gesellschaft, der alte Bindungen auflöst und neue Formen des Lebenslaufs schafft, neue Erwartungen und Anforderungen, neue Freiräume und Abhängigkeiten. Der Anspruch auf ein Stück eigenes Leben, der im Gefolge dieses Wandels entsteht – erst leise und allmählich, dann immer deutlicher hervortretend –, ist wie ein Spiegel, in dem wir den Aufbruch und

Umbruch der Lebensformen der Moderne erkennen, ihre Verheißungen und Sehnsüchte, ihre Enttäuschungen und Ängste. Und nicht zuletzt auch: ihre Konflikte und Widersprüche, die sich hineinschieben in das Leben der Frau und in das Verhältnis zwischen Mutter und Kind.

So der Grundgedanke, der in den folgenden Kapiteln ausgeführt wird. Das Motto dafür ist in einem Satz des Soziologen *Norbert Elias* zusammengefaßt: «Oft genug läßt sich das, was heute geschieht, überhaupt nicht verstehen, wenn man nicht weiß, was gestern geschah».[63] In diesem Sinne kommt das weitere Vorgehen einer Entdeckungsreise in die Sozialgeschichte der Mutterschaft gleich, wobei vor allem zwei Zeiträume im Zentrum der Aufmerksamkeit stehen. Zuerst das ausgehende 19. Jahrhundert, also die Phase, als ein erster Geburtenrückgang einsetzte: Wie veränderte sich damals die Situation von Frauen und insbesondere Müttern? Danach, nach einem großen Sprung durch die Geschichte, der zweite Geburtenrückgang, genauer die Phase von 1965 bis heute, und die Frage heißt dann: Was ist in diesen vier Jahrzehnten geschehen, seitdem die Geburtenzahlen weiter zurückgingen, welche Veränderungen sind hier im Geschlechterverhältnis und insbesondere im Leben von Frauen zu erkennen – und welche Konsequenzen für das Muttersein heute folgen daraus?

II. Die Chancen und Zwänge des «eigenen Lebens»

Wenn wir Berichte lesen, die die Lebensformen früherer Epochen beschreiben, dann ist für unsere heutigen Augen immer wieder erstaunlich, wie stark das Leben der Menschen früher von traditionellen Bindungen bestimmt war – z.B. durch Familienverband und Dorfgemeinschaft, Heimat und Religion, Stand und Geschlechtszugehörigkeit. Solche Bindungen haben stets ein Doppelgesicht. Auf der einen Seite schränken sie die Wahlmöglichkeiten des einzelnen rigoros ein. Auf der anderen Seite bieten sie auch Vertrautheit und Schutz, eine Grundlage der Stabilität und inneren Identität. Wo es sie gibt, ist der Mensch nie allein, sondern stets aufgehoben in einem größeren Ganzen.

Aus anderen Berichten, die den Übergang zur Moderne beschreiben, wissen wir auch, wie diese alte Welt sich allmählich verändert hat. Die beginnende Industrialisierung, das Anwachsen der Städte, die zunehmende Mobilität – mit solchen und ähnlichen Entwicklungen entstehen neue Formen des Lebenslaufs, neue Denk- und Verhaltensweisen, neue Anforderungen, Erwartungen, Ziele. Ihnen allen ist ein Grundmerkmal gemeinsam: Sie leiten eine Herauslösung des Menschen aus traditionell gewachsenen Bindungen, Glaubenssystemen, Sozialbeziehungen ein. Dieser Wandel reicht in viele Bereiche hinein – von Wirtschaft bis zu Familie, Bildung und Wissenschaft, Recht und Religion –, erfaßt immer weitere Gruppen und erreicht zur Gegenwart hin ein historisch einmaliges Maß. Das Ergebnis dieser vielfältigen Veränderungen ist, daß allmählich ein Anspruch und Zwang zum «eigenen Leben» (jenseits von Gemeinschaft und Gruppe) sich herauszubilden beginnt.

Dabei hat dieser Umbruch, der den Übergang zur Moderne kennzeichnet, wiederum ein Doppelgesicht. Auf der einen Seite ist darin eine Befreiung aus traditionellen Kontrollen enthalten: «Die Modernität hat in der Tat eine befreiende Wirkung gehabt. Sie hat die Menschen von den einengenden Kontrollen der Familie, der Sippe, des Stammes oder der kleinen Gemeinschaft befreit. Sie hat dem Individuum vorher ungekannte Wahlmöglichkeiten und Bahnen der Mobilität eröffnet».[1]

Aber damit verbunden sind auch neue Risiken, Konflikte und Brüche im Lebenslauf. Wo die Familie als Wirtschaftsgemeinschaft sich auflöst, wird der einzelne dem Arbeitsmarkt und seinen Anforderungen unterworfen, vom Konjunkturverlauf abhängig, durch Wirtschaftskrisen bedroht. Wo Herkunft und Stand an Bedeutung verlieren, da wächst die soziale Mobilität, aber auch Konkurrenzdruck und Abstiegsgefahr. Wo die Einbindung in Nachbarschaft und Verwandtschaft verblaßt, da wird der Horizont weiter, aber oft fehlt auch ein soziales Netz, Isolation und Entwurzelung drohen. Kurz: «Die Befreiungen hatten … einen hohen Preis».[2]

Die «Einsamkeit in der Massengesellschaft»,[3] die «innere Heimatlosigkeit»,[4] die «Fröste der Freiheit»:[5] solche Stichworte signalisieren, wie die Freiräume, die im Aufbruch zur Moderne entstehen, für den einzelnen eine Herausforderung bedeuten, aber oft auch zur Überforderung werden. Verschiedene Auswege bieten sich an. Manche suchen Halt bei noch mehr Arbeit und noch mehr Konsum. Manche schließen sich religiösen oder politischen Sekten an, die Heil und Heimat versprechen. Viele wählen den Weg ins Private, die Liebe als Zuflucht, die Familie als «Hafen in einer herzlosen Welt».[6] Solche Formen der Suche, so unterschiedlich sie im einzelnen sind, weisen doch auf einen gemeinsamen Kern: Das Spannungsverhältnis zwischen Freiheit und Bindung wird zu einem Grundthema der Moderne. Und eine paradoxe Bewegung deutet sich an: Die Moderne, die die Menschen aus traditionellen Bindungen herauskatapultiert, erzeugt ebendadurch auch die Sehnsucht nach neuer Bindung.

Der Lebenslauf als persönliche Aufgabe

Wo traditionelle Bindungen mit ihren rigorosen Verhaltensregeln und Vorschriften aufgelöst werden, da wird eine Erweiterung des Lebensradius möglich, ein Gewinn an Handlungsspielraum und Wahlmöglichkeiten. Der Lebenslauf wird an vielen Punkten offener und gestaltbarer. Jedoch: auf der Kehrseite der neuen Gestaltbarkeit kommen auch neue Anforderungen und Zwänge auf. So sind die Planungen und Entscheidungen zwar in bestimmtem Sinne «frei», aber gleichzeitig strukturell von der Logik der (Arbeits-) Marktgesellschaft bestimmt, die jetzt in den Lebenslauf eingreift. Denn mit der Auflösung der Familie als Arbeits- und Wirtschaftsgemeinschaft entstehen neue Formen der Existenzsicherung, die über den Arbeitsmarkt vermittelt und auf die Einzelperson bezogen sind. Dabei wird das Verhalten des Berufstätigen den Gesetzen des Marktes unterstellt – z.B. Mobilität und Flexibilität, Konkurrenz und Karriere –, die kaum Rücksicht nehmen auf private Bindungen. Wer aber diesen Gesetzen nicht folgt, riskiert Arbeitsplatz, Einkommen und soziale Stellung. Idealtypisch wird das Ich hier zum Mittelpunkt eines komplizierten Koordinatensystems, das viele Dimensionen umfaßt, von Ausbildung und Stellenmarkt bis zu Krankenversicherung und Altersvorsorge. Vor allem die Anforderungen des Arbeitsmarktes werden zur wichtigen Vorgabe der persönlichen Zukunftsplanung: «Für die meisten Menschen ist der hauptsächliche institutionelle Vektor der Lebensplanung der Arbeitsmarkt und der eigene Bezug zu ihm ... das grundlegende Organisationsprojekt für biographische Projekte ist der eigene Beruf».[7]

Dabei umfaßt diese äußere Beschreibung nur einen Teil der Veränderungen. Denn die Logik der (Arbeits-)Marktgesellschaft, die die prinzipielle Gestaltbarkeit des Lebenslaufs in Richtung bestimmter Entscheidungen und Handlungen lenkt, hat auch innere Folgen für die beteiligten Personen. Sie führt in einen Kampf um «eigenen Raum», im wörtlichen und im übertragenen Sinn, in die Suche nach dem Selbst, ins Ringen um Selbstverwirklichung. Daß diese Stichworte heute – in Interviews, Therapie, Literatur – eine so große Rolle spielen, ist nicht etwa Ausbruch eines kollektiven Narzißmus. Vielmehr sind diese Themen Ausdruck ebenjener gesellschaftlich-historischen Entwicklung, die den Lebenslauf zur persönlichen Aufgabe und Anforderung macht. «Das Leben ist nicht mehr ... eine ‹wunderbare Gabe Gottes›, sondern individueller Besitz, der auf Dauer zu verteidigen ist. Mehr noch: es wird zur gestaltenden Aufgabe, zum individuellen Projekt».[8]

Die Frage liegt auf der Hand: Wieviel Raum bleibt in der selbstentworfenen Biographie mit all ihren Zwängen noch für andere Menschen mit eigenen Lebensplänen und Zwängen? Wieviel Raum bleibt für die Sehnsucht nach neuer Bindung, die die Moderne ja auch erzeugt? Wieviel Raum bleibt insbesondere für Frauen und ihre Bindung ans Kind, die so unmittelbar und umfassend ist wie sonst keine mehr in unserer Gesellschaft? Wird das Kind hier zum «Fremdkörper» im eigenen Leben, zur dauernden Barriere und Bremse? Oder wird es zum Zielpunkt neuer Sehnsüchte, Hoffnungen, Wünsche?

Um auf solche Fragen eine Antwort zu finden, müssen wir die Geschichte genauer betrachten: Wie hat sich die Lebenssituation von Frauen im Übergang zur Moderne verändert? Wie und wann setzt für sie die Herauslösung aus traditionellen Bindungen ein? Wie und wann erfahren sie die Freiräume und Zwänge, die den Lebenslauf der Moderne kennzeichnen?

III. Stationen in der Geschichte der Mutterschaft

Die Herauslösung der Frau aus der Familie hat eine lange Geschichte. In diesem Kapitel geht es darum, den Ausgangspunkt dieser Geschichte zu beschreiben: also diejenige Epoche, die noch gekennzeichnet ist durch eine starke Einbindung der Frau in die Familie. Dies führt dann zur Frage, wie sich das Verhältnis von Frau und Kind unter solchen Bedingungen gestaltet. Damit ist sogleich eine Vorwarnung nötig. Denn aus einer solchen Perspektive interessiert nicht die faszinierende Vielfalt vergangener Epochen, die Fülle der Lebensformen und Familientypen, die Historiker aufspüren. Gezeichnet wird statt dessen ein stark vereinfachendes «Durchschnittsbild», das aus den endlosen Differenzierungen der Geschichte die Grundlinie des Wandels erkennbar macht.

1. Die Familie in vorindustrieller Zeit

In der vorindustriellen Epoche machten Bauern und Handwerker die bei weitem größte Gruppe in der Bevölkerung aus. Dabei war die bis ins 18. Jahrhundert vorherrschende Arbeits- und Lebensform nicht die Familie im heutigen Sinn, sondern der Haushalt des «ganzen Hauses», eine Wirtschaftsgemeinschaft. Dazu gehörte, daß alle, die im «ganzen Haus» wohnten, durch ihre Arbeit zur gemeinsamen Existenzsicherung beitrugen: nicht nur die erwachsenen Männer und das Gesinde, sondern ebenso die Frauen, die Alten, die Kinder.

Wo die Familie derart vorrangig Wirtschaftsgemeinschaft war, da war das oberste Gebot die tägliche Existenzsicherung und der Erhalt der Generationenabfolge. Unter diesen Bedingungen blieb wenig Raum für persönliche Neigungen, Gefühle, Motive. Nicht die Einzelperson zählte, sondern die gemeinsamen Zwecke und

Ziele. Der Historiker *Arthur Imhof* beschreibt dies für die bäuerliche Familie folgendermaßen:

«Nicht der jeweilige Hofbesitzer und sein individuelles Wohlbefinden waren ... das entscheidend Wichtige, sondern das Wohl und Ansehen des Hofes selbst, nicht die zu diesem oder jenem Zeitpunkt gerade darauf lebende Familie, sondern die Familienabfolge, das Geschlecht. Generation um Generation kreiste um diesen Mittelpunkt, Hofbesitzer nach Hofbesitzer, aber eben weniger als Individuum denn als Rollenträger. Eine Idee, ein Wert stand im Zentrum, nicht ein Ego».[1]

Zum Beispiel Partnerwahl und Ehe: Diese Verbindung war ein vorwiegend ökonomisches Arrangement, an dem Familie, Verwandtschaft und lokale Öffentlichkeit beteiligt waren. Dabei wurde kaum nach dem individuellen Zusammenpassen (oder Nicht-Zusammenpassen) der künftigen Eheleute gefragt. Geheiratet wurde weniger aus Gründen der Liebe, sondern eher nach Zwecken, die der Familie als Wirtschaftsgemeinschaft dienten: um für den Familienbetrieb eine Arbeitskraft zu gewinnen, den vorhandenen Besitz zu sichern, um Vermögen und Ansehen zu erweitern.

«Das ‹persönliche Glück› ... lag für den Bauern darin beschlossen, eine Frau zu heiraten, mit der er arbeitete, die ihm gesunde Kinder gebar und ihn durch ihre Mitgift vor Schulden bewahrte. Man kann wohl nicht bestreiten, daß das auch eine Art von Glück ist. Auf die Person des Partners bezogene Liebe an sich, unabhängig von diesem Fundament, hatte jedoch kaum eine Chance, sich zu entwickeln».[2]

Wie das Verhältnis der Ehepartner, so war auch dasjenige zwischen Eltern und Kindern weitaus weniger von Gefühlen als von den Anforderungen der Familienwirtschaft bestimmt. Zum Beispiel die Mutterliebe, jenes «natürlichste» Band – manche Sozialhistoriker bezweifeln, ob es sie früher überhaupt gab oder ob sie nicht erst eine Erfindung der Neuzeit ist.[3] Tatsache ist: In der vorindustriellen Gesellschaft wurden weitaus mehr Kinder geboren als heute. Aber auch dafür gab es klare ökonomische Gründe: Kinder wurden gebraucht als Erben und Namensträger, als Arbeitskräfte und zur Alterssicherung der Eltern. Kein Wunder, daß sie im allgemeinen einigermaßen willkommen waren, manchmal – vor allem, wenn es um Erstgeborene und Söhne ging – auch sehnsüchtig erhofft wurden. Auch war damals die Kindersterblichkeit hoch, und so brauchte man viele Kinder, damit wenigstens einige das Erwachsenenalter erreichten. Doch gab es auch Situationen, wo Kinder ökonomisch gesehen unnütz, ja belastend waren: z.B. wenn das Kind schwächlich oder verkrüppelt war; oder wenn es wieder ein Mädchen war, für das die Familie später die Kosten einer Mitgift aufbringen mußte; oder wenn schon mehr Kinder da waren, als hinreichend ernährt werden konnten. Gerade sie starben oft früh durch Gewalt, Hunger, Vernachlässigung.

Wie es um Kinderwunsch und Mutterliebe früher bestellt war, zeigt drastisch eine im Jahr 1800 verfaßte Lebensbeschreibung: «*Als ihn seine Mutter als Letzten geboren hatte, war sie der Söhne bereits überdrüssig, denn das Haus schien mit Erben wohlgefüllt. Dazu stimmte eines der Kinder, das schon im Jünglingsalter stand, die Wehklage an: ‹Welche Schande! Nun sind wir schon so viele, daß wir im Hause kaum Platz finden. Und wie schlecht stimmt die große Erbenschar mit dem kärglichen Erbe zusammen?› Auf diese Worte hin verfiel die Mutter in einen heftigen und typisch weiblichen Zornesausbruch, beklagte händeringend ihr Unglück und verkündete lauthals, nicht länger leben zu wollen. Als Folge davon wurde das Neugeborene, bevor es noch die Mutterbrust erhalten hatte, sozusagen gleich abgestillt und niemals wollte die Mutter es in ihre Arme nehmen; sie bezeichnete sich selbst als Unglückliche und verbannte daher das Kind aus ihrer Gegenwart; auf diese Weise entwöhnte sie den Sohn, bevor dieser lebensfähig war und entzog ihm sein einzig mögliches Besitztum, die Muttermilch*».[4]

Aber im Normalfall hatten die Kinder ihren Wert und wurden dementsprechend ausgetragen, geboren, genährt und aufgezogen. Dabei gab es freilich keine Kindererziehung im eigentlichen Sinn. Denn in der vorindustriellen Gesellschaft galten Kinder als unfertige, noch nicht ganz vollständige Erwachsene, die kaum eigene

Bedürfnisse haben. Entsprechend wurde Kindern keine besondere Aufmerksamkeit und Zuwendung zuteil; die Grundhaltung war im allgemeinen eher eine der Gleichgültigkeit als des Interesses. Kindheit war deshalb eine unwichtige Übergangsphase, nicht Gegenstand bewußter Beeinflussung und gezielter Erziehung. Statt Erziehung im heutigen Sinn gab es moralische Anleitung, Einübung in Gottesfurcht, Gehorsam und Tugend. Ansonsten bezog sich die Versorgung auf die elementaren Bedürfnisse des Kleinkindes, Nahrung und Kleidung. Darüber hinaus gab es eine gewisse Beaufsichtigung, um das Kleinkind vor Gefahren wie Sturz und Ertrinken zu schützen, und viel körperliche Zurechtweisung, meist in Form von Prügeln.

Dies alles war nicht sonderlich aufwendig, lief meist neben dem allgemeinen Haushaltsgeschehen her. Meist waren ja auch genug Personen zur Hand, die diese Art der Kinderversorgung erledigen konnten. Denn typischerweise war die Arbeit für Kinder auf mehrere Personen verteilt: Dem Grundmuster nach war die Mutter meist zuständig für die physische Versorgung des Kindes, der Vater für die Einübung in Gehorsam und Glauben. Doch da die Mutter gleichzeitig auch eine wichtige Arbeitskraft in der Familienwirtschaft war, wurden ihre Aufgaben oft an andere Personen übertragen – an Großeltern, im Haushalt mitlebende Verwandte, ältere Geschwister oder Gesinde.

«Die Form von Mutterschaft, die uns heute vertraut ist, ist eine erstaunlich neue Institution. Und sie ist auch einzigartig, das Produkt einer wohlhabenden Gesellschaft. Denn während des größten Teils der Menschheitsgeschichte ... sind erwachsene, gesunde Frauen so wertvolle Arbeitskräfte gewesen, daß man sie nicht freistellen konnte allein zur Versorgung der Kinder».[5]

Wo aber die Versorgung des Kleinkindes sich nur schwer in den allgemeinen Arbeitsablauf einpassen ließ (z.B. bei den Kleinbauern, wo die Frau auf dem Feld mitarbeiten mußte, der Haushalt aber kaum weitere Verwandte oder gar Gesinde umfaßte), da blieb meist keine Zeit zum Nachdenken darüber, was dem «Wohl des Kindes» am besten entsprechen würde. Welche Wahl hätte es geben sollen? Das Handlungsmuster war vorgezeichnet, nüchtern und unsentimental, durch die Zwänge der Existenzsicherung: Wo die Zeit fehlte, mußte die Versorgung und Beaufsichtigung entsprechend eingeschränkt werden. Die Kinder wurden «ruhiggestellt», nicht selten mit gesundheitsschädigenden Mitteln wie Opiaten. Sie blieben mehr sich selbst überlassen; Unfälle waren häufig, manche mit tödlichem Ausgang. Schließlich blieb auch die Möglichkeit, das Kind außer Haus zu geben, oft gleich nach der Geburt, zu einer entfernt wohnenden Amme, über Monate, manchmal auch Jahre. Das war bis ins 18. Jahrhundert hinein eine in vielen Gegenden verbreitete Sitte. Sie trug, wenn man die Lebensumstände jener Ammen bedenkt, sicherlich nicht zum Gedeihen der Kinder bei, eher zu ihrem Sterben. Aber dafür stellte sie die Mutter frei von der dauernden Angebundenheit an den Säugling, ermöglichte ihre ungestörte Arbeit in Haus und Hof.

Versuchen wir nun, das Fazit zu ziehen für die Frage, die hier interessiert: für das Verhältnis von Frau, Familie und Kind. Aus diesem Blickwinkel zeichnet sich folgendes Bild ab: Die Lebensform der vorindustriellen Gesellschaft ist in wesentlichen Bereichen auf die Familie als Ganzes bezogen, nicht auf Einzelpersonen. Unter diesen Bedingungen ist Mutterschaft *selbstverständliche Bestimmung des Lebens der (Ehe-)Frau, eben weil es im Grunde kein «eigenes» Leben gibt, sondern primär ein von den Interessen der Familiengemeinschaft bestimmtes Leben.* Die Frage, ob die Frau Kinder will oder nicht, kann sich in diesem Rahmen meist gar nicht erst stellen, weil vor allem eines klar ist: daß die Familienwirtschaft Kinder braucht.

2. Die Entstehung der bürgerlichen Familie

Im Übergang zur Moderne werden alte Beschränkungen abgebaut, neue Freiräume und Handlungschancen entstehen, ja der Anspruch auf Selbstbestimmung und Autonomie wird zu einem Leitwert der bürgerlichen Gesellschaft – so haben wir festgestellt. Aber wenn wir die Geschichte genauer betrachten, entdecken wir: Das Gesagte gilt in erster Linie für Männer. Für Frauen wird der Lebenslauf zunächst nicht offener, sondern im Gegenteil: enger denn je auf die Familie beschränkt.

Die Frau wird aufs «Dasein für andere» verwiesen

«*Der Frauen Bestimmung von Jugend an ist ein einziges großes Opfer ... Sie entäußert sich ihres eigenen Selbst, sie hat keine Freuden und keine Schmerzen als die der Ihrigen*» (Henriette Feuerbach 1839).[6]

Mit der Industrialisierung bricht die früher vorherrschende «Einheit von Arbeit und Leben» auf, die Familie verliert ihre Funktion als Arbeits- und Wirtschaftsgemeinschaft. Der Mann wird immer häufiger außerhalb der Familie tätig, in der einen oder anderen Form außerhäuslicher Erwerbsarbeit. Gleichzeitig wird auch die Arbeits- und Lebenssituation der Frau einem tiefgreifenden Wandel unterworfen. In der neuen Mittelschicht eines zahlenmäßig wachsenden, an Einfluß und Selbstbewußtsein erstarkenden Bürgertums entsteht ein neues Leitbild des Frauenlebens, das allmählich auch von den unteren Schichten übernommen oder zumindest angestrebt wird. Sein hervorstechendes Merkmal ist, daß die Frauen – nein, nicht im Haus bleiben, sondern (und das ist ein wesentlicher Unterschied) *zunehmend auf das Haus beschränkt werden*. Dabei verengt sich ihr Arbeitsbereich von der Herstellung der täglich benötigten Güter zum Kauf und Verbrauch fertiger Waren. Gleichzeitig erfährt er aber eine Ausweitung in Richtung gefühlsmäßiger Aufgaben. Ihre Aufgabe liegt jetzt nicht mehr nur darin, einen unmittelbar greifbaren Beitrag zur täglichen Existenzsicherung zu leisten, sondern verlagert sich zunehmend auf eine eher unsichtbare Ebene, auf das leise und immer bereite «Dasein für die Familie».

So entsteht mit dem Aufbrechen des «ganzen Hauses» eine neue Arbeitsteilung zwischen Mann und Frau: Er wird zuständig für Außenwelt, Beruf, Öffentlichkeit; sie für Heim, Haushalt, Familie. Aber nicht nur die unmittelbaren Tätigkeitsbereiche treten auseinander, sondern auch die Vorstellungen von männlicher bzw. weiblicher «Natur».[7] Vorherrschend wird die Idee einer im Weltenplan vorgesehenen «Ergänzung» zwischen männlichem und weiblichem «Wesen»: dort Aktivität, Durchsetzung, Kraft und Verstand; hier Fügsamkeit, Bescheidenheit, Herz und Gemüt.

«Das Glück des Mannes heißt: ich will. Das Glück des Weibes heißt: er will» (Nietzsche).[8]
«... but this is fixt
As are the roots of earth and base of all;
Man for the field and woman for the hearth;
Man for the sword and for the needle she;
Man with the head and woman with the heart;
Man to command and woman to obey:
All else confusion ...» (Tennyson).[9]

In Wissenschaft und Religion, Dichtung und Literatur, in philosophischen Abhandlungen und politischen Reden tauchen durchgängig ähnliche Bilder auf. Die Frau wird auf ein Podest gestellt, als Symbol des Guten und Schönen, als Wächterin über Sitte und Moral. Dies geschieht genau zu dem Zeitpunkt, wo die Wirtschaft freigesetzt wird aus Feudalbindungen und Zunftbestimmungen, aber noch nicht den Schranken und Schutzbestimmungen des Sozialstaates unterworfen ist. Entsprechend hart sind oft die Gesetze des Überlebens im Konkurrenzkampf. Genau im Kontrast dazu wird nun die Rolle der Frau entworfen, als Gegenpart zum Homo oeconomicus des Marktes. Wo der Mann hinausmuß ins feindliche Leben, da wird es «der Frauen Bestimmung, ... das Leben zu verschönern, zu heilen und abzurunden, was rohe Stärke verletzt, das Dasein in sich selber zu versöhnen» (*Henriette Feuerbach* 1839).[10] Die Frau wird zum Sinnbild für eine bessere Welt, für ein verlorenes Paradies. Wie die Psychologin *Arlene Skolnick* schreibt: Sie wird «im Heim als Geisel gehalten für jene Werte, die Männer in ihrem täglichen Leben zugleich hochhielten und dauernd verletzten».[11]

«Die liebe Frauenwelt» soll eine *«glückliche stille Oase»* sein, *«ein Quell der Lebenspoesie, ein Rest aus dem Paradiese. Und das wol-*

len wir uns von keiner ‹Frauenfrage›, von keinem unglücklichen Blaustrumpf und von keinem überstudierten Nationalökonomen nehmen lassen. Wir wollen sie ... so viel als möglich auch dem armen und ärmsten ‹Arbeiter› mit Gottes Hilfe erhalten» (Nathusius 1871).[12]

Die Frau wird jetzt auf den Mann bezogen, durch seine Interessen definiert und begrenzt, zu seiner persönlichen Gehilfin bestimmt. «Ihm zu gefallen» heißt das oberste Gesetz, und damit untrennbar verbunden «ihm dienen». Darüber bestimmen sich Charakter, Bildung, ja Lebensglück der Frau.

Diese Grundsätze sind besonders deutlich bei *Rousseau* formuliert, in der klassisch gewordenen Erziehungsschrift «Emile». Dort steht als Rat an Sophie: «*Werden Sie so stark ein Teil von ihm, daß er Sie nicht mehr entbehren kann und sich weit von sich selbst entfernt fühlt, sobald er Sie verläßt ... Denken Sie daran, daß, wenn Ihr Mann zu Hause glücklich lebt, Sie eine glückliche Frau sein werden.*»[13] Und an anderer Stelle: «*... die Frau ist nicht mehr um ihrer selbst willen geschaffen, sondern dazu, zu gefallen und sich ihm zu unterwerfen*», dazu, «*sich dem Manne angenehm [zu] machen*», dazu, «*dem Mann nachzugeben und sogar seine Ungerechtigkeit zu ertragen*».[14]

In der Aneinanderreihung der Formulierungen schält sich allmählich der eigentliche Kern dessen heraus, was nach solchen Vorstellungen das Dasein für die Familie und für den Mann ausmacht. Es ist das «regulierende Prinzip» der weiblichen Normalbiographie, oberstes Gebot und ständige Erwartung an Frauen, und es lautet: *Selbstzurücknahme und Selbstaufgabe.* Oder anders formuliert, um die Paradoxie einzuholen, die in der neuen Bestimmung liegt: «Selbstlosigkeit als Selbstverwirklichung».[15]

«*Des Weibes Ausartung ist Selbständigkeit und männliches Wesen; ihre größte Ehre ist einfältige Weiblichkeit und das heißt, sich unbeschwerten Herzens unterzuordnen, sich bescheiden, nichts anderes, noch etwas mehr sein zu wollen, als sie soll ... Der Mann ist vor*

36

dem Weibe und zur Selbständigkeit geschaffen; das Weib ist ihm beigegeben um seinetwegen» (Löhe, 19. Jahrhundert).[16]

Im Bezugsrahmen dieser polarisierten Geschlechtsrollen soll die Frau keine Person sein, die eigene Rechte besitzt und eigene Forderungen stellt. Statt dessen wird Unsichtbarkeit und stille Demut zur Verkörperung weiblicher Tugend. Anerkennung kann die Frau nicht erwerben, indem sie sich aktiv einsetzt und abmüht, sondern bezeichnenderweise nur, indem sie selbstvergessen auf Anerkennung verzichtet, passiv bleibt, dem äußeren Glanz entsagt.

«So stehst du da in deinem Wesen, holdes Weib, eine unbewußte Blume, eine himmlische Pflanze, ein spielender Singvogel, der da von seinem Gesange nichts weiß ... Deine Kraft und deine Würde liegen mehr im Sein, als im Tun, mehr im Stillstehn, als im Vordringen, mehr im Gehorsam, als im Befehl, mehr in Demut, als im Willen» (Ernst Moritz Arndt 1819).[17]

«Der Inbegriff weiblicher Tugend ist auf die ursprüngliche Ordnung der Natur zurückzuführen, nach welcher das Weib ... eine Blume sein soll, die nur im Schatten duftet. Nach einem anderen oft angeführten Worte ist diejenige die beste Frau, von der man am wenigsten spricht.» (Käthe Bandow 1897)[18]

Solche und ähnliche Zitate lassen sich endlos aneinanderreihen. Aber wenn man sie nur als Illustration eines fernen Zeitgeistes liest, verkennt man ihre eigentliche Natur. Denn die neuen Geschlechtsrollen wurden auch direkt umgesetzt in biographische Vorgaben und staatliche Regelungen. Sie wurden verankert in Bildungswesen und Recht, in Erziehungszielen und Gesetzen, definierten den Lebensradius der Frau durchgängig als «Dasein für andere». So gab es trotz des Ausbaus der öffentlichen Bildungsinstitutionen bis gegen Ende des 19. Jahrhunderts für Mädchen kaum Bildungschancen im eigentlichen Sinn.[19] Die Mädchen der Unterschicht bekamen ein dürftiges Minimalwissen in Lesen, Schreiben und Rechnen, und oft nicht einmal das. Die Töchter des gehobenen Bürgertums wurden eingeübt in Anstandsregeln, Musik und Französisch, in Handarbeit und den Tugenden der gepflegten Konversation. Nicht wie beim jungen Mann Ausbildung der individuellen Fähigkeiten, gezielte Vorbereitung der Zukunft, bewußte Planung des eigenen Lebenslaufs, sondern eher im Gegenteil: Abwarten, Schicksalsergebenheit, Verzicht auf eigene Zukunftspläne war die Aufgabe des Mädchens. Jeder Anflug eigenständiger Interessen war verdächtig, weil für Heiratserwartungen schädlich: Mädchenbildung hörte auf, wo die selbständige Erfassung eines Gebietes begann.

«Uns reizt an den Frauen gerade die Gefühlswärme, die Naivetät und Frische, die sie vor den frühzeitig überarbeiteten und frühgereiften Männern voraushaben, und der Reiz, den sie durch diese Eigenschaften auf die Männer ausüben, würde unwiderbringlich verloren gehen, wenn dieses Anmutendste an ihnen durch die Erziehung vernichtet würde» (Vizepräsident *Appelius* im Weimarer Landtag 1891).[20]

«Jedes Weib lernt wirklich nur von dem Manne, den es liebt, und es lernt dasjenige, was und soviel wie der geliebte Mann durch seine Liebe als ihn erfreuend haben will. Das Regelrechte ist, daß Mädchen heiraten und ihre Bildung in der Ehe gewinnen: doch auch Schwestern, Töchter, Pflegerinnen werden durch Brüder, Väter, Kranke und Greise zu etwas gemacht werden, wenn sie diese Männer mit warmem Herzen bedienen» (Programm für die konservative Partei Preußens, entworfen von *Paul de Lagarde* 1884).[21]

Ähnliche Tendenzen wie im Bildungssystem zeigten sich auch im Rechtssystem. Es war zugeschnitten nicht auf die Frau als eigenständige Person, sondern als Teil der Familie, vorzugsweise als Ehefrau. Sie war auf vielen Ebenen dem Willen und den Weisungen des Mannes untergeordnet.[22] Die bürgerlichen Freiheitsrechte wurden teils beschränkt, teils verweigert.

«Überfällig und nicht erledigt bleibt die Gleichberechtigung der Frauen ..., seitdem Freiheit und Gleichheit sowie ‹die Menschenrechte laut und auf den Dächern gepredigt› wurden (Th. G. v. Hippel), d. h. mit dem Übergang zu einer bürgerlichen R[echt]sordnung. Seit dem Beginn des 19. Jhdts., als das traditionelle Patriarchat durch die Auflösung der Feudalgesellschaft und eine veränderte Ar-

beits- und Wirtschaftsordnung seine materielle Basis und herr-
schaftliche Legitimation verloren hatte, wurden Frauen einem
Sonderr[echt] unterworfen, so z.B. im Code Napoléon von 1804,
der gemeinhin als Muster bürgerlicher Gesetzgebung gilt, jedoch
in bezug auf Frauenrechte ‹Züge des mittelalterlichen Patriar-
chalismus am reinsten und längsten bewahrt hat› (Marianne
Weber) ... Vorläufiger Endpunkt dieser Sonderrechtsentwicklung
war das Bürgerliche Gesetzbuch (BGB) von 1900. Obgleich es
in seinem Allgemeinen Teil die allgemeine R[echt]sfähigkeit der
Menschen vorsah, wurden Frauen in seinem Besonderen Teil, im Fa-
milienrecht, wieder ‹eheherrlicher Vormundschaft› unterworfen».[23]

Die neuen Geschlechtsrollen bleiben also nicht auf die Ebene der
Ideen beschränkt, sondern erhalten auch eine sehr reale Basis. Und
dies ist kein Zufall. Denn sie entstehen nicht beliebig, sondern gehören zum Fundament der neu aufkommenden Industriegesellschaft. Die polarisierten Lebenswege von Mann und Frau sind Teil
ihres inneren Bauplans.

Mit der Auflösung des «ganzen Hauses» entsteht einerseits jene
neue Form des Lebenslaufs, die die Einzelperson in den Mittelpunkt rückt. Sie löst die Existenzsicherung ab von der Familie
als Wirtschaftsgemeinschaft, verknüpft sie statt dessen mit den
Anforderungen des Arbeitsmarktes, mit den Geboten von Konkurrenzkampf und Selbstbehauptung. Nicht mehr die gemeinsam ver-
richtete Arbeit schafft jetzt die Existenzgrundlage, sondern die individuelle Durchsetzung am Markt. Sie verlangt neue Einstellungen,
Fähigkeiten, Verhaltensweisen, z.B. Leistung und Disziplin, Ziel-
strebigkeit und Durchsetzungsvermögen. Sie ist ebenso verknüpft
mit den bürgerlichen Rechten von Freiheit und Gleichheit wie mit
dem Anspruch der Aufklärung auf Befreiung aus Unmündigkeit.
Es ist diejenige Arbeits- und Lebensform, die wir die «moderne»
nennen – und diejenige, die dem Mann zugewiesen ist.

Aber keine Gesellschaft besteht nur aus gesunden, erwachsenen
und durchsetzungsfähigen Personen, die kräftig genug sind, ihr
Überleben nach den Gesetzen des Arbeitsmarktes zu sichern. Da
sind die Kinder, Alten und Schwachen, die in der Familienwirtschaft mithelfen konnten – aber unter den anonymen Gesetzen des

Marktes ins Abseits gedrängt werden. Darüber hinaus müssen auch diejenigen Personen, die am Arbeitsmarkt tätig sind, ständig Bedürfnisse unterdrücken, die nicht hineinpassen ins Diktat der industriellen Rationalität. Mit dem Aufkommen der Industriegesellschaft wird deshalb zugleich auch eine andere, komplementäre Form des Lebenslaufs notwendig, deren Aufgabe es ist, die «Härten der Modernisierung» zu mildern. Sie ist zuständig für all diejenigen menschlichen Bedürfnisse, die unter den Bedingungen des Marktes an den Rand gedrängt werden. Sie ist nicht zugeschnitten auf die Durchsetzung als Einzelperson, sondern gerade umgekehrt auf die Sorge für andere: Unterstützung und Stärkung, Zuspruch und Bestätigung. Es ist diejenige Arbeits- und Lebensform, die der Frau zugewiesen ist.

Die weibliche Normalbiographie, die so definiert wird, mag auf den ersten Blick wie ein traditionelles Relikt erscheinen. Aber dieses Bild ist unangemessen. Denn was der Frau zugewiesen wird, sind Aufgaben, die zum guten Teil *neu entstehen*, eben durch die Industrialisierung und die Abspaltung von Bedürfnissen und Tätigkeiten, die in der industriellen Rationalität keinen Platz haben. Das Funktionieren der aufkommenden Industriegesellschaft setzt also *beides* voraus, Arbeitsmarktbiographie und Sorge für andere, den «freien Markt» und die Familie als «Oase des Friedens».

Die Lösung des Dilemmas, das sich daraus ergibt, liegt in der Konstruktion polarer Geschlechtscharaktere und entsprechender «Kontrasttugenden» *(Habermas)* für Mann und Frau: «Es ging darum, im Falle der Frauen die postulierte Entfaltung der vernünftigen Persönlichkeit auszusöhnen mit den für wünschenswert erachteten Ehe- und Familienverhältnissen».[24] Die unteilbaren Prinzipien der Moderne – individuelle Freiheit und Gleichheit jenseits der Beschränkungen des Standes – werden derart geteilt und qua Geburt dem einen Geschlecht zugesprochen, dem anderen vorenthalten.[25] Für ihn die Selbstbehauptung, für sie die Selbstzurücknahme: Die «Gleichzeitigkeit des Ungleichzeitigen» *(Pinder)* wird zum bestimmenden Prinzip der Geschlechterrollen.

Die Entdeckung des Kindes und die Entstehung der bewußten Kindererziehung

Was lange Zeit unbeachtet blieb, ist mit der neueren sozialhistorischen Forschung direkt ins Blickfeld gerückt: Mit dem Übergang zur modernen Gesellschaft kommt, neben der Veränderung der Geschlechtsrollen, auch die entscheidende Wende in der Geschichte der Kindheit. Ab da beginnt die «Entdeckung der Kindheit» *(Aries)*, schon bald verbunden mit Bemühungen, auf die kindliche Entwicklung Einfluß zu nehmen. Dies ist ein langwieriger Prozeß, der zunächst vom Adel eingeleitet wird, dann im Bürgertum zunehmende Verbreitung gewinnt und erst allmählich zu den unteren Schichten durchdringt.

Es beginnt damit, daß im 18. Jahrhundert eine «regelrechte pädagogische Kampagne»[26] einsetzt. Zahlreiche Abhandlungen erscheinen, deren Verfasser zunächst Philosophen, Theologen, Mediziner sind, später auch Pädagogen und Psychologen. Von nun an werden die ersten Lebensjahre nicht mehr mit Gleichgültigkeit betrachtet, sondern ernst genommen, ausführlich untersucht und erörtert. Allmählich sieht man das Kind als eigenständige menschliche Persönlichkeit mit eigenen Bedürfnissen und Rechten. Wie *Aries* schreibt, entsteht eine «bewußte Wahrnehmung der kindlichen Besonderheit, jener Besonderheit, die das Kind vom Erwachsenen, selbst dem jungen Erwachsenen, kategorial unterscheidet».[27]

Je größer aber das Interesse am «Individuum Kind», desto größer auch das Interesse an seiner Entwicklung. Wo früher die Versorgung des Kindes eingeschoben wurde in die stets drängenden Arbeiten in Haus und Hof, wird jetzt eine *eigene und zentral wichtige Aufgabe* daraus: Die Leitsätze einer bewußten Kindererziehung entstehen. Denn das Credo der neuen Einstellung zum Kind heißt, daß angemessene Pflege und Erziehung zum gesunden Gedeihen des Kindes wesentlich beitragen können, ja den Grundstock legen für das gesamte spätere Schicksal.

Ein Blick auf die Sozialgeschichte des 18. und 19. Jahrhunderts deutet darauf hin, daß es vor allem zwei Bedingungen sind, die dieses neue Interesse an der Erziehung fördern. Zum einen ist dies die Epoche, in der ein schubweiser Übergang stattfindet von der ständisch bestimmten Gesellschaft zur industriellen Gesellschaft, die von den Gesetzen des Marktes reguliert wird. Dadurch gewinnt Ausbildung eine immer größere Bedeutung, denn wo Positionen nicht mehr einfach vererbt werden, da wird zunehmend nach Fähigkeiten und Kenntnissen gefragt. Deshalb konzentrieren sich jetzt Erziehungsbemühungen auf das Kind, die Bildung und Ausbildung in den Vordergrund rücken, um damit die soziale Stellung zu behaupten, gegen Abstieg zu sichern und möglichst noch zu verbessern.[28]

In ähnlicher Richtung wirkt zweitens, daß mit dem Übergang zur modernen Gesellschaft sich immer mehr ein Fortschrittsglaube durchsetzt, der auf Beherrschbarkeit der Welt ausgerichtet ist. Auf vielen Gebieten treiben Experten mit theoretischen und praktischen Kenntnissen die Eroberung der Natur voran. Durch die Fortschritte, die Medizin und später auch Psychologie erzielen, erscheint auch die Natur des Menschen zunehmend «machbar», beeinflußbar, verbesserungsfähig. Eine naheliegende Konsequenz ist, daß damit auch ein starkes Interesse am Kind erwacht: Es steht noch am Anfang des Lebens, ist offen und formbar. Es gibt ein ideales «Betätigungsfeld» ab, um – wie die neue Weltsicht es will – Einfluß zu nehmen, um gewünschte Entwicklungen zu fördern und anderen entgegenzuwirken.

Vor diesem Hintergrund beginnt, wo früher nur elementare Versorgung war, im 18. und 19. Jahrhundert das Stadium der *gezielten Einflußnahme*. Dazu gehören zunächst einmal Bemühungen, das Kind gegen gesundheitliche Risiken und schädliche Umweltbedingungen zu schützen. Ärztliche Ratschläge mahnen zu angemessener Ernährung und Kleidung des Kleinkindes, zu medizinischer Vorsorge und verbesserter Hygiene. Die Befolgung dieser Ratschläge trägt offensichtlich dazu bei, die Überlebenschancen für Kinder zu verbessern.[29] Doch Maßnahmen dieser Art haben auch eine andere Folge, die in den Geschichtsbüchern kaum verzeichnet wird: Sie erhöhen den kulturell vorgeschriebenen Arbeitsaufwand, der mit Kindern verbunden ist. Das wiederum hat Auswirkungen auf die personelle Besetzung der Arbeit. Denn je mehr Sorgfalt erforderlich ist, desto weniger kann die Pflege beliebigen Personen übertragen werden; desto mehr konzentriert sie sich auf diejenige, die quasi natürlich dem Kind am nächsten scheint, die jetzt immer mehr als verantwortlich definiert wird: die Mutter.

Als typisches Beispiel für die neue Richtung kann ein ärztlicher Ratgeber für die körperliche und seelische Gesundheit der Kinder gelten, der 1794 erschienen ist. Darin heißt es: *«Was ist dem kleinen, hülflosen Kinde das größte Bedürfniß? Die Liebe und Sorgfalt der Mutter. – Kann diese Liebe und Sorgfalt der Mutter durch andere Personen ersetzt werden? Nein, nichts kommt der mütterlichen Liebe gleich. – Warum bedarf es mütterlicher Liebe und Sorgfalt? Weil das Kind einer so mühsamen Wartung und Pflege, und einer so liebreichen Behandlung bedarf, daß nur die Mutter sie willig und gern erfüllt».*[30]

Zur gezielten Einflußnahme gehören darüber hinaus die Versuche, die geistige und moralische Entwicklung des Kindes zu lenken. Eine wichtige Rolle spielt hier der Bildungsanspruch, der von der Philosophie der Aufklärung ausgeht: «Der Mensch kann nur werden durch die Erziehung. Er ist nichts, als was die Erziehung aus ihm macht» *(Kant)*. Je mehr diese Maxime den Charakter eines kulturellen Leitbildes gewinnt, desto mehr wachsen die pädagogischen Aufgaben an. Das gesellschaftliche Lernen, die Sprache und Bildung des Kindes, seine Moral und sein Seelenheil – all das werden jetzt Pflichten, die die Arbeit für Kinder vermehren. «Der ganze Anspruch der Aufklärungsphilosophie, mit ihrem Respekt vor dem Menschen als einem Subjekt unveräußerlicher Rechte, und mit ihrem Willen, in jedem Menschen ein Individuum, ein selbständig denkendes und entscheidungsfähiges Wesen zu sehen, wird nun auch dem Kind schon zuteil, zumindest prospektiv: als eine *Aufgabe der Eltern*, das Kind in solche Rechte einzusetzen».[31] *Eine neue Ära beginnt, die der bewußten Erziehungsarbeit.*

Diese neuen Erziehungsleitbilder haben freilich von Anfang an eine doppelte Wurzel. Sie sind sowohl verankert in dem Bildungsanspruch, der das Ideal der Aufklärung ausmacht, wie auch in dem Zwang der sozial mobilen Gesellschaft, über Bildung und Ausbildung die soziale Stellung zu sichern. So gewinnt Erziehung hier immer ein Doppelgesicht: nicht bloß Förderung, sondern auch frühen Leistungsdruck.[32]

Zur Illustration Anweisungen aus einem 1783 erschienenen Erziehungsberater: «*Man spielt gern mit Säuglingen. Aber man könnte diesen Scherz nützlicher machen, als er ist … Warum wird des Kindes Aufmerksamkeit auf alles, was den Müttern zu zeigen einfällt, gerichtet und nicht nach und nach auf dieses und jenes mit Ordnung? Warum lehrt man das Kind durch Führung der Hand nicht ordentlich nacheinander etwas zu betasten, von sich schieben, zu sich schieben, greifen, halten, loslassen? usw. Nämlich mit den kurzen Worten: Fühle, schiebe von dir, zu dir, greife, halte, laß los! Ist dies nicht die natürliche Art, sie früh zu einiger Geschicklichkeit des Körpers zu bringen? … Kurz, jedes Spiel, jeder Scherz mit Säuglingen oder mit Kindern, die nicht viel älter sind, muß mit Absicht auf Kenntnis der Gegenstände und ihrer Namen und auf Vorübungen der Sprachglieder und anderer Teile des Leibes eingerichtet sein*» *(Basedow 1783).*[33]

Deshalb haben die pädagogischen Texte jener Zeit, neben dem zunehmenden Verständnis für Kinder, immer auch eine andere Seite. Es ist, was die neuere sozialhistorische Forschung als «Schwarze Pädagogik» (*Rutschky* 1977) bezeichnet: ein Lernen, das frühzeitige Disziplinierung beinhaltet; das Einüben des Kindes in die Tugenden der Industriegesellschaft, auf Schlüsselbegriffe wie «Leistung», «Arbeitsmoral», «Regelmäßigkeit». Versuche dieser Art kommen schon im späten 18. Jahrhundert auf. Sie leiten eine lange Tradition von pädagogischen Anweisungen ein, die bereits das Kleinkind zum Gegenstand von Leistungsförderung aller Art machen und Lernziele vorgeben, bis hin zur bewußten Steuerung und schnellstmöglichen Perfektionierung der ersten Laute, Blicke und Griffe. All dies geschieht aber nicht von allein, nur dem «Lauf der Natur» folgend, sondern verlangt gezieltes menschliches Handeln. So gesehen wirken beide Seiten – Bildung im aufklärenden Sinn, frühkindliche Leistungsdressur – in ähnliche Richtung: Beide verlangen Eingriff und Einsatz einer Erziehungsperson. Beide vermehren die Arbeit für das Kind.

Der Aufstieg der Mutterrolle

«O lege den Gedanken wie einen diamantenen Schild um Deine Brust: ich bin zu einer Mutter geboren! Jeder andere Gedanke, jeder andere Wunsch fahre zurück von diesem undurchdringlichen Harnisch ... Dahin richte Dein heiligstes Bestreben! Das ist das einzige, was Dir die Erde einst verdanken kann» (Kleist an seine Verlobte).[34]

Mit der Auflösung des «ganzen Hauses» wird eine Entwicklung eingeleitet, die im täglichen Leben auf eine zunehmende Entfernung des Mannes vom Kinde hinausläuft. Denn während die Pflege und Ernährung des Kindes immer schon Frauenarbeit war, lag die Verantwortung für die Erziehung zu Gottesfurcht und Gehorsam früher beim Vater – solange er «Hausvater» im umfassenden Sinn war. Nun aber, da der Mann täglich für viele Stunden von der Familie entfernt ist, rückt die Mutter in den Mittelpunkt aller Bemühungen, die sich auf das Kind richten.[35] Unzählige Handbücher entstehen, die sich – ganz anders als früher – direkt an die Mutter wenden und sie in allen Details der Erziehung beraten. Auch die neu aufkommenden Geschlechtsrollen-Stereotype definieren die Frau als besonders geeignet zur Kindererziehung – meist weil sie ihrer «Natur» nach als fürsorglich und opferbereit gilt, manchmal weil sie als unreif erscheint und damit dem Kinde näher.

«Dienen lerne beizeiten das Weib nach ihrer Bestimmung ...
Wohl ihr, wenn sie sich daran gewöhnt, daß kein Weg ihr
*   zu sauer ...*
Daß sie sich ganz vergißt und leben mag nur in andern!
Denn als Mutter, fürwahr, bedarf sie der Tugenden alle,
Wenn der Säugling die Krankende weckt und Nahrung begehret
Von der Schwachen, und so zu Schmerzen Sorgen sich häufen.
Zwanzig Männer verbunden ertrügen nicht diese Beschwerde ...»
(Goethe, «Hermann und Dorothea»).[36]
    «Zu Pflegerinnen und Erzieherinnen unserer ersten Kindheit eignen die Weiber sich gerade dadurch, daß sie selbst kindisch, läppisch und kurzsichtig, mit einem Worte: zeitlebens große Kin-

*der sind – eine Art Mittelstufe zwischen dem Kinde und dem Manne,
als welcher der eigentliche Mensch ist»* (Arthur Schopenhauer
1851).[37]

Immer mehr wird Mütterlichkeit als das «Eigenste im Weibe» gesehen[38] – so eine Formulierung im Handbuch der Frauenbewegung,
und sie ist im Kern charakteristisch für viele ähnliche Äußerungen
in Philosophie und Pädagogik, Dichtung und Politik. Die neue
Entwicklung läuft der Tendenz nach darauf hinaus: *Von nun an
wird die Frau wesentlich* (und manchmal geradezu ausschließlich)
über Mutterschaft definiert. Ihre Wünsche und Hoffnungen, Freuden und Leiden, Gedanken und Taten, alle sollen sich richten auf
das eine: das Kind.

Dazu einige Sätze aus Balzacs «Zwei Frauen»: *«Da fühlte ich, daß
ich geboren wurde, um Mutter zu sein».* *«Nichts anderes in der
Welt kümmert uns mehr… Wir allein sind die Welt für das Kind,
wie das Kind allein unsere Welt ist».* *«… ist kein Raum mehr in
meiner Seele als nur für die Kinder».* *«Eine Frau, die nicht Mutter
ist, bleibt in ihrer Natur unvollständig und verfehlt».* *«Eine kinderlose Frau ist eine Ungeheuerlichkeit; wir sind einzig dazu geschaffen, Mutter zu sein».* Und schließlich: die Kinder *«sind doch mein
ganzes Leben».*[39]

Auch viele medizinische Theorien des 19. Jahrhunderts kann man
als Dokumente der neuen Entwicklung lesen. Sie geben dem Glauben an die Polarität der Geschlechter die zeittypisch-moderne,
die naturwissenschaftliche Form. Ihre Aussage heißt, der Urgrund
von männlichem/weiblichem Wesen liege unmittelbar in den Ge-
schlechtsorganen. Manchmal geht man noch einen Schritt weiter,
dann werden Eierstöcke und Uterus zum alles beherrschenden
Zentrum der Frau. Aus ihnen leiten sich ab Gesundheit und Krankheit, ja die gesamte Persönlichkeit, alle «weiblichen» Fähigkeiten
und Eigenschaften – je nach Blickwinkel mehr die Begabun-
gen und Vorzüge oder die Fehler und Mängel. In einem Satz zusammengefaßt: «Die Frau ist, was sie ist… wegen ihrer Gebär-
mutter allein».[40]

Die Eierstöcke «*sind die stärksten Kräfte bei allen Bewegungen ihres Systems; ... auf ihnen beruht ihre intellektuelle Position in der
Gesellschaft, ihre physische Perfektion und alles, was diesen feinen
und delikaten Konturen Schönheit verleiht ..., alles, was groß, edel
und schön ist, alles was sinnlich, zärtlich und liebenswert ist; ... ihre
Treue, ihre Hingabe, ihre unablässige Wachsamkeit und Voraussicht,
all diese Eigenschaften von Geist und Veranlagung, die Respekt und
Liebe erwecken ... Dies alles hat seinen Ursprung in den Eierstök-
ken*» (Dr. Bliss 1870).[41]

Bei solchen Anschauungen ist es nur folgerichtig, wenn manche
Schriften die Erziehung des jungen Mädchens allein aus der Perspektive der «Gebärfunktion» betrachten. Eindringlich warnen sie
vor allem, was ihnen in dieser Hinsicht gefährlich und schädlich
erscheint. Und das ist nicht wenig: jedes «Übermaß» an Vergnü-
gung und körperlicher Betätigung, erst recht langjährige Schulbil-
dung, Bücherlesen und geistige Anregung.[42]

«*Wollen wir ein Weib, das ganz seinen Mutterberuf erfüllt, so kann
es nicht ein männliches Gehirn haben ... Jemand hat gesagt, man
solle vom Weibe nichts verlangen, als daß es ‹gesund und dumm› sei.
Das ist grob ausgedrückt, aber es liegt in dem Paradoxon eine Wahrheit. Übermäßige Gehirntätigkeit macht das Weib nicht nur ver-
kehrt, sondern auch krank ... Die modernen Närrinnen sind
schlechte Gebärerinnen und schlechte Mütter. In dem Grade, in
dem die ‹Zivilisation› wächst, sinkt die Fruchtbarkeit, je besser
die Schulen werden, um so geringer wird die Milchabsonderung,
kurz, um so untauglicher werden die Weiber ... Aber, was soll man
tun? Zuerst alles unterlassen, was dem Weibe als Mutter nachteilig
ist. Da ist vor allem die Erziehung der Mädchen ... Das Beste wäre,
die ‹höheren Schulen› samt und sonders niederzureißen. Ihr Erfolg
ist ohnedies gering, das Üble aber ist, daß in ihnen die Mädchen
nervös und schwächlich werden ... Schützt das Weib gegen den In-
tellektualismus*» (der Leipziger Nervenarzt *Paul Möbius* 1901).[43]

Aus der stärkeren Beachtung der Mutter entsteht bald auch
ein neuer Kult, ein Mutterschaftsmythos bis hin zur Mutterschafts-

ideologie. Er setzt im 18. Jahrhundert ein, nimmt im 19. zu und setzt sich auch im nächsten fort, durchzieht die Erziehungsschriften, die schöngeistige Literatur, ja auch die sonstigen Künste. Mutterschaft wird besungen, in Reime gefaßt, in vielen Bildern gemalt, je nach Stimmung des Künstlers einmal tragisch und erhaben, einmal romantisch und sentimental. Mutterschaft wird gepriesen, verklärt, pathetisch überhöht. Vielstimmig und einfallsreich werden vor allem die Freuden der Mutterschaft in Szene gesetzt. Doch gleichzeitig kommt auch eine Art Leidensmythos auf. Mater dolorosa, die Schmerzensreiche, wird zum Beispiel gesetzt. In dieser eigentümlichen Vermischung von Freuden und Leiden entsteht das charakteristische Mutter(wunsch)bild der Zeit: *mütterliche Selbstentsagung als höchstes Glück der Frau.*

«Sie wiegt den Knaben ein an ihrem Herzen,
Er schläft gewärmt von reiner Liebe Glut,
Genähret von dem Brote ihrer Schmerzen,
Getränket von ihrer Tränen heilger Flut»
(Clemens Brentano 1841).[44]
«... Die Frauen [atmen] nur, um für den Ruhm, Mütter sein zu können oder für die Ehre, es gewesen zu sein, mit Schmerzen zu büßen ... Unter unsäglichen, langen Qualen geben sie, was die Natur ihnen anvertraute, zurück und bringen neue Wesen zur Welt; und von Krankheiten begleitet vollenden sie einen Weg, auf dem sie Blumen nur streuen, indem sie auf Dornen wandeln. Im Leiden großgezogen ... erwerben sie ... unerschütterliche Geduld ...» (Roland 1777).[45]

Aber jenseits des Pathos, der Appelle, der Handbücher: Wie verändert sich wirklich die Beziehung der Mutter zum Kind? Wie lange bleiben die früheren Gewohnheiten und Bräuche erhalten, wann wird die so viel beschriebene «ideale Mutter» zum Leitbild, das den Erziehungsalltag prägt? Die Frage ist naheliegend – und schwierig. Denn viel stärker als heute sind «die» Frauen nach Lebensumständen getrennt, vor allem nach Ständen: hier die Frau des Bürgers oder des Bauern, da die des Arbeiters, dort die des Adels. Je nach Lebenssituation haben sie andere Möglichkeiten, Bedürfnisse, Beschränkungen, die sich auswirken auf die Beziehung zum Kind.

Da sind zunächst die Frauen des gehobenen Bürgertums, über ein paar Dienstboten verfügend, über einen Haushalt gebietend, der in wachsendem Maß über den Markt sich versorgt. Sie sind frei von den Sorgen und Plagen, die nie aufhörten bei der Arbeit in Hof und Handwerksbetrieb. Aber sie haben auch nicht mehr die Erfahrungen, die diese Arbeit gab: ein Messen der eigenen Kräfte, ein Erfahren der eigenen Leistung, ein elementares Gefühl des «Gebrauchtwerdens» im tätigen Umgang mit Menschen, Vieh und Natur. Durch die Auflösung des «ganzen Hauses» entsteht eine Art Freiraum, vielleicht auch ein Leerraum. Was könnte ihn besser füllen, wo doch der Radius der bürgerlichen Frauenrolle so eng ist; was dem Alltag mehr Sinn und Verankerung, Beschäftigung und Befriedigung geben – was anderes als «Mutterschaft», jetzt als anspruchsvolle, zukunftsweisende, alles fordernde Aufgabe definiert. So nimmt es nicht wunder: Die Appelle an «Mutterschaft» (im neuen, umfassenden Sinn) finden zuerst bei den Frauen des Bürgertums Verbreitung.[46]

Aber es gibt auch genug Frauen, im 18. wie im 19. Jahrhundert, die noch anderes zu tun haben – oder tun wollen –, als ihr Leben in den Dienst der Erziehungsaufgabe zu stellen. Da sind die Frauen des Adels und der großbürgerlichen Oberschicht, mit geselligen Verpflichtungen und Vergnügungen beschäftigt; dann die Bauersfrauen, weiterhin eingespannt in die harte Arbeit des Familienbetriebs; schließlich die vielen Arbeiterfrauen, für das tägliche Brot zur Arbeit in Fabrik, Heimindustrie oder fremdem Haushalt gezwungen. Bei all diesen Gruppen – so unterschiedlich ihre Lebensumstände und Motive auch sind – verläuft die Entwicklung deutlich anders als bei den Frauen der bürgerlichen Mittelschicht.[47] Hier trifft die neue Mutterrolle, die die Experten so glühend verkünden, die dem bürgerlichen Zeitgeist so «natürlich» erscheint, erst auf erhebliche Widerstände. Hier wird sie nur zögernd und spät – und wohl nie ausschließlich und ganz – zum weiblichen Lebensmodell.

Mutterschaft als Lebensziel
und Lebensaufgabe der Frau

Wenn aber, zumindest im mittleren und gehobenen Bürgertum, und teilweise auch in den anderen Schichten, die Mutter-Kind-Beziehung ein immer stärkeres Gewicht erhält: Was heißt das dann für die Lebenschancen der Frau? Welche biographischen Konsequenzen, welche Persönlichkeitsvorgaben sind in dieser neuen Definition der Mutterrolle enthalten?

Die Antwort ist komplizierter, als man zunächst vielleicht ahnt. Der Aufstieg der Mutterrolle, der mit der Auslagerung produktiver Tätigkeiten einhergeht, hat nämlich ambivalente Folgen für das Leben der Frau: *Er schafft neue Belastungen und ebenso neue Belohnungen.* Welche Seite größeres Gewicht erhält, hängt ab von den Lebensumständen der Frau, aber auch vom Blickwinkel des jeweiligen Betrachters, von seiner wissenschaftlichen Position und seinen politischen Interessen. Diese spannungsreiche, vieldeutig interpretierbare Konstellation, die genau hier ihren Anfang nimmt, enthält in sich schon die Ursache, warum in der Folgezeit sich leidenschaftliche Diskussionen um die Mutterrolle entzünden – in Öffentlichkeit, Wissenschaft, Politik, zwischen Männern und Frauen, nicht zuletzt auch unter den Frauen selbst. Betrachten wir also die beiden Seiten, die zum Konflikt beitragen werden.

In früheren Jahrhunderten hatte man, wie gesagt, wenig danach gefragt, was der Natur des Kindes zuträglich sei. Da galt die erste Sorge den unaufschiebbaren Arbeiten in Haus und Hof. Die Folge war nur: Viele Kinder blieben nicht lange am Leben. Jetzt aber, da das Kind in den Mittelpunkt rückt, bedeutende Männer sich um seine Erziehung sorgen, Medizin, Pädagogik, später auch Psychologie seine Entwicklung erforschen – jetzt wird aus dem, was einst elementare Versorgung war, eine aufwendige Arbeit. Sie kommt offensichtlich den Überlebenschancen des Kindes zugute. Aber sie verlangt dafür auch von der fürs Kind zuständigen Person viel größeren Einsatz als früher, mehr Zeit und Aufmerksamkeit, Sorgfalt und Ernst. Und zuständig – das wird jetzt die Mutter. Sie wird den Anforderungen der kindlichen Entwicklung unterworfen (oder dem, was wechselnde Experten als Anforderungen definieren). Pointiert formuliert: Was das Kind an Überlebenschancen gewinnt, geht auf Kosten der Mutter.

Zur Illustration wiederum einige Sätze aus Balzacs «Zwei Frauen»: «*Meine Kinder sollen meine Götter ... sein*». «*Ich bin Sklavin, ... Sklavin Tag und Nacht! ... ich habe keine Zeit mehr, mich selbst zu pflegen!*» «*Eine rechte Mutter ist nie frei*». «*Wenn ein Baby schreit, ein Kind sich beschmutzt, muß alles andere zurücktreten, die Mutter denkt nicht mehr an sich, sie ist völlig in Anspruch genommen ... Inmitten dieser beständigen Pflege ... wird nur einer im Haus völlig vergessen, und das bin ich*».[48]

So wird das Leben der Frau nun in den Dienst der Erziehung gestellt. Die Unterordnung, die ihr in der neu entstehenden bürgerlichen Gesellschaft abverlangt wird und die doch den bürgerlichen Prinzipien von Freiheit und Gleichheit widerspricht, wird legitimiert qua «Natur» und qua Mutterrolle. Mutterschaft *zementiert also die Diskrepanz zwischen den Lebenschancen von Mann und Frau:* für ihn die Selbständigkeit, die der Markt verlangt; für sie die Selbstzurücknahme, die die Erziehung verlangt. So gesehen hat der Leidenskult um die «schmerzensreiche Mutter» durchaus reale Wurzeln. Denn wo alles Interesse dem Kind gilt, bleibt umgekehrt nichts Eigenes mehr für die Frau. Mutterschaft wird hier zur Lebensaufgabe der Frau in doppeltem Sinne: auf der einen Seite Vollendung ihres «naturgegebenen» Wesens – auf der anderen Seite Aufgabe des Anspruchs auf ein Stück eigenes Leben.

Doch damit ist erst die eine Seite der neuen Entwicklung skizziert. Schaut man genauer hin, so sieht man, daß neben den neuen Belastungen auch neue Belohnungen entstehen, *neue Chancen zumindest innerhalb des häuslichen Rahmens.* Mit dem Aufstieg der Mutterrolle beginnt auch eine Aufwertung der Autorität der Mutterrolle.[49]

So schreibt im Jahr 1785 die Berliner Akademie Preisfragen aus, die sich mit den Grundlagen und Grenzen der väterlichen Autorität, mit den Rechten der Mutter und denen des Vaters befassen. Zu den prämierten Antworten gehört die von *Peuchet*, dem Autor der

«Encyclopédie méthodique», die sich deutlich für eine Aufwertung der mütterlichen Gewalt einsetzt: *«Wenn die Gründe für die Gewalt, welche die Eltern über ihre Kinder ausüben, … im wesentlichen auf der Pflicht beruhen, über das Glück und die Erhaltung dieser zarten Wesen zu wachen, so steht es außer Zweifel, daß das Maß dieser Gewalt zunimmt mit dem der Pflichten, die man ihnen gegenüber erfüllt. Da die Frau als Mutter, Amme und Hüterin des Kindes Pflichten nachkommt, welche die Männer nicht kennen, hat die Frau ein bestimmtes Recht auf Gehorsam. Der beste Grund dafür, daß die Frau ein wahreres Recht auf den Gehorsam ihrer Kinder hat als der Vater, ist, daß sie dieses Recht nötiger braucht».*[50]

Darüber hinaus werden mit der pädagogischen Aufgabe der Frau auch neue Handlungskompetenzen zugesprochen und erste Möglichkeiten der Bildungsteilhabe eröffnet. Während jeder als Selbstzweck definierte Bildungsanspruch noch abgelehnt wird, kommt allmählich schon die Vorstellung auf, eine gewisse Allgemeinbildung für Frauen sei wünschenswert, um eine angemessene Erziehung der Kinder zu gewährleisten.

«… in einer Welt, die sich so intensiv mit Pädagogik und Wissenschaft zu befassen begann, [bedeutete es] auch einen Schritt zur Individuierung der Frauen und zur Demokratisierung der Ehe, wenn den Frauen, zumindest moralisch, das Recht und die Fähigkeit zugesprochen wurde, eine neuerdings so hochbewertete Aufgabe wie die Erziehung der Kinder zu übernehmen … Die Definition des weiblichen Geschlechtscharakters sah die Fähigkeit zu methodisch-rationalem Handeln nicht vor. Der nunmehr aber von den Ärzten anempfohlene Umgang mit dem Kind erfordert im Prinzip Kompetenzen, wie sie angeblich nur dem Mann eigneten. Und außerdem bot die Lektüre pädagogischer und ärztlicher Schriften eine, wenn auch bescheidene, aber sozial-legitimierte Teilnahme an Bildungsgütern, von denen die Frauen ansonsten ausgeschlossen waren».[51]

Deshalb kann man nicht annehmen, daß die Frauen jener Zeit sich als Opfer des neuen Mutterschaftsideals erfuhren. Solch eine Deutung wäre naiv, weil sie nach den Maßstäben der Gegenwart urteilt, statt die Bedingungen – und Beschränkungen – der damaligen Zeit zu erkennen. Nein, zuerst muß man sehen, daß der weibliche Lebenskreis damals kaum andere, «eigene» Möglichkeiten bot; und daß schon dem jungen Mädchen kaum die Entwicklung eigener Gedanken, Wünsche, Ansprüche zugestanden war. Vor dem Hintergrund dieser von vornherein beschnittenen Erwartungen wird verständlich, warum zahlreiche Frauen in der neuen Erziehungsaufgabe zumindest Zufriedenheit, vielleicht auch Erfüllung fanden.

IV. Der erste Geburtenrückgang: Frauen und Mütter im ausgehenden 19. Jahrhundert

«Helmer: ‹Vor allem bist du Gattin und Mutter.›
Nora: ‹Das glaube ich nicht mehr. Ich glaube, daß ich vor allen
Dingen ein Mensch bin, so gut wie du ... oder vielmehr, ich will
versuchen, es zu werden›» (Ibsen, «Nora»). [1]

1. Veränderungen im Leben der Frau

Gegen Ende des 19. Jahrhunderts ist das Dasein für die Familie immer noch Leitbild und Lebensziel für Frauen. Aber die Risse zwischen Leitbild und Wirklichkeit werden zunehmend größer. In den Unterschichten ist das bürgerliche Rollenmodell von vornherein unerreichbar, weil der Lohn des Mannes kaum zum Familienunterhalt ausreicht. So müssen auch Frau und Kinder mitverdienen. Erst recht können die heranwachsenden Töchter nicht für die Pflege der Privatsphäre freigestellt werden, sondern müssen in den verschiedensten Formen zum Broterwerb beitragen. Neu ist hier also nicht, daß Frauen durch eigene Arbeit Geld verdienen – wohl aber, wie sie es verdienen. Je weiter der Industrialisierungsprozeß fortschreitet, je mehr sich die grundlegenden Produktionsformen der Gesellschaft verändern, desto mehr werden Frauen einbezogen in außerhäusliche Formen der Erwerbsarbeit, grob zusammengefaßt: von Heimarbeit, häuslichen Diensten und Landwirtschaft zu Fabrik, Büro und Verkauf. [2]

Aber auch im mittleren und gehobenen Bürgertum zeichnen sich Veränderungen ab. Hier wird der Haushalt immer mehr von einem Ort der Eigenproduktion zu einem Ort des Konsums: Bedarfsgüter, die man vorher selbst herstellte, werden nun in wachsendem Maß am Markt gekauft. Die Folge ist, daß die Arbeit in der

Familie den unverheirateten Frauen immer weniger Beschäftigung bieten kann. Langsam bilden sich hier erste Berufsmöglichkeiten für Frauen heraus: zunächst noch im Rahmen des Privathaushalts (als Hausdame, Erzieherin, Gouvernante); später über den Markt vermittelt, doch immer noch in familiennaher Form, vorwiegend auf das Feld der Sozialberufe beschränkt (z.B. Kindergärtnerin, Lehrerin, Krankenschwester). Dabei sind es keineswegs nur materielle Zwänge, die diese Entwicklung vorantreiben. Bei vielen Frauen aus bemittelter Familie ist es die «seelische Not»,[3] die Unausgefülltheit eines Daseins ohne eigene Aufgabe, die zur Berufsarbeit treibt:

«... wie man nicht den Mann, der ohne Lebensgefährtin bleibt, der keine Familie gründet, deshalb als unnützes Mitglied der menschlichen Gesellschaft betrachtet ... – so muß auch für Mädchen das gleiche Recht in Anspruch genommen werden. Auch für die Mädchen, welche ledig bleiben wollen oder müssen, ist die gleiche Achtung zu beanspruchen. Auch sie müssen sich einen Wirkungskreis suchen können, der ihrem Leben einen Inhalt gibt, ihre Existenz sichert und sie zu nützlichen Mitgliedern der menschlichen Gesellschaft macht ... man muß ihnen zeigen, daß auch sie sich Selbständigkeit und einen nützlichen Wirkungskreis erringen können, daß auch sie nicht nöthig haben, über ein verlorenes Leben zu klagen, wenn ihnen das Glück der Ehe nicht zu Theil wird» (Louise Otto-Peters, «Das Recht der Frauen auf Erwerb», 1866).[4]

«Junge Mädchen ‹aus guter Familie›, die aus einem Schmetterlingsdasein in ein unwürdiges und leeres Altjungferndasein hinüberaltern, Witwen und Frauen ohne Kinder im Erziehungsalter, alle diese haben, da in der Familie nicht mehr Arbeit genug für sie ist, wenn nicht zur leiblichen, so zur seelischen Selbsterhaltung eine Berufsarbeit nötig» (Wilbrandt, «Handbuch der Frauenbewegung», 1902).[5]

Mit diesen neuen Formen der außerhäuslichen Erwerbstätigkeit wird eine Entwicklung in Gang gesetzt, die die Konturen des Frauenlebens verändert. Die alte Familienbindung wird ein Stück weit aufgebrochen, und es entstehen neue Lebensmöglichkeiten für Frauen. Darin sind zweifellos neue Freiräume enthalten.

Beginnen wir bei den Frauen der Unterschicht. Als die Auflösung des «ganzen Hauses» einsetzte, mußten sie sich Arbeiten außerhalb des Hauses suchen, um Geld für ihren Lebensunterhalt zu verdienen. Doch noch bis weit ins 19. Jahrhundert hinein unterstanden sie dabei einer weitreichenden Kontrolle, weil sie entweder bei den Eltern lebten oder in Gemeinschaftsunterkünften mit strengen Regeln oder direkt im Haushalt des Arbeitgebers. Dies beginnt anders zu werden gegen Ende des 19. Jahrhunderts, als das Verkehrs- und Nachrichtenwesen ausgebaut wird, die geographische Mobilität zunimmt, neue Berufsfelder entstehen. Von nun an versuchen viele der jungen Frauen, den Zwang zum Geldverdienen so einzusetzen, daß sie mehr Unabhängigkeit gewinnen. Dieser Wunsch zeigt sich bei unterschiedlichen Gruppen in unterschiedlicher Form. Die Mädchen aus den Städten ziehen sich immer mehr aus dem Dienstbotenberuf zurück und wechseln zur Fabrikarbeit über oder zu den neuen Arbeitsmöglichkeiten in Geschäften, Wäschereien, Büros. Wie ein zeitgenössischer Beobachter schreibt: Ihr Motiv ist die Abneigung gegen die enge persönliche Abhängigkeit, die mit der Arbeit im Haushalt verknüpft ist, ihre Sehnsucht ist das, «was in all den verschiedenen Schattierungen des Wortes Freiheit enthalten ist».[6] Anders und doch der Richtung nach ähnlich ist die Situation der jungen Frauen, die auf dem Land und in den kleinen Städten aufwachsen. Sie wollen der dortigen Enge und Kontrolle entkommen. Sie wandern in die Großstadt ab, angelockt von der Sehnsucht nach mehr Weite und Vielfalt.

Ein anschauliches Beispiel dafür findet sich in den Lebenserinnerungen der *Josefine Joksch*, die 1885 nach Wien ging: «*Es war an einem trüben Wintertag, als ich meine erste Reise unternahm, um in Wien als Kindermädchen Stellung zu nehmen. Ich war gern vom Hause weggegangen ... Wien [war] seit langem das Ziel meiner Sehnsucht.*

's gibt nur a Kaiserstadt,
's gibt nur a Wien!

Dort muß es prächtig sein,
dort muß ich hin!
So hatte ich schon als ganz kleines Mädchen, später mit immer
steigender Sehnsucht und glühenderem Verlangen gesungen. Und
wie ich nun fröstelnd in der Coupé-Ecke saß und in den dämmeri-
gen Wintermorgen hinausblickte, da dachte ich daran, wie öde und
langweilig ein solcher Wintertag in meinem Heimatort war, und
wie hübsch es sei, diesem ewigen Einerlei entronnen zu sein».[7]

Die außerhäusliche Erwerbsarbeit eröffnet also eigene Wahlmöglichkeiten gegenüber der Außenwelt. Darüber hinaus wirkt sie
auch auf das Verhältnis zwischen Eltern und Tochter zurück. Hier
kann die ökonomische Selbständigkeit auch mehr Freiraum im Bereich der Familie einbringen, mehr Unabhängigkeit von Kontrollen, mehr eigenes Mitspracherecht.

«Sobald ein Mädchen zu arbeiten begann, veränderten sich die
Familienbeziehungen. Töchter konnten gegenüber den Familien-
kontrollen unabhängiger als früher werden. Die Arbeit an einem
anderen Ort und die Tatsache, eigenes Geld zu verdienen und in der
Stadt statt in einer kleinen Gemeinde zu leben, all dies vergrößerte
die Autonomie der Töchter der Unterschicht. Sogar wenn ein Mäd-
chen weiterhin bei den Eltern lebte, konnten die Beziehungen zur
Familie sich ändern. Als eine Person, die selbst Geld verdiente, ver-
stand sie etwas von Geld und was man damit kaufen konnte. Sie
konnte mit ihrem Verdienst und ihrem Wissen zu den Familienent-
scheidungen beitragen und möglicherweise ein Mitspracherecht bei
der Verwendung der Familieneinkünfte gewinnen, weil diese Ein-
künfte zum Teil aus ihrem Verdienst bestanden».[8]

In teils ähnlicher, teils anderer Form eröffnet die Berufstätigkeit
auch den Frauen der Mittelschicht neue Freiräume und Wahlmöglichkeiten. Auch hier wirkt das selbstverdiente Geld der Abhängigkeit von der Familie entgegen, gibt mehr Möglichkeit zum Durchsetzen von Ansprüchen und Rechten. In dieser Schicht ist Geld,
«diese Macht in substantieller Form» *(Horkheimer),* lange Zeit das
Privileg des Familienernährers gewesen, ist von daher den Männern

selbstverständlich und vertraut. Für Frauen aber bringt es eine neue Erfahrung: noch nicht zur abgenutzten Gewohnheit geworden, deshalb besonders verheißungsvoll. Die Schriftstellerin *Charlotte Perkins Gilman* hat das in ein paar knappen Sätzen beschrieben, in einer Kurzgeschichte, die bezeichnenderweise heißt: «Wenn ich ein Mann wäre»:

«... *auf einmal, mit einem tiefen und plötzlichen Gefühl von Macht und Stolz, spürte sie, was sie noch nie in ihrem Leben gespürt hatte: die Verfügung über Geld, ihr eigenes selbstverdientes Geld. Geld, das sie ausgeben oder sparen konnte; Geld, um das sie nicht betteln, schwatzen oder schmeicheln mußte – ihres».*[9]

Aber mit der außerhäuslichen Erwerbsarbeit sind nicht nur neue Freiräume verbunden, sondern ebenso auch neue Risiken, Abhängigkeiten und Zwänge. Denn die Existenzsicherung wird jetzt mit den Gesetzen des Marktes verknüpft, die oft erbarmungslos sind: miserable Arbeitsbedingungen, und bei Verlust des Arbeitsplatzes keine soziale Absicherung.

So heißt es z.B. in einer Studie zur Situation der Bauernmägde im ausgehenden 19. Jahrhundert: «*Eine arbeitslose Dienstmagd lebte ... nicht unter gesicherten Formen der sozialen Kontrolle und Verantwortlichkeit, wie sie ein Dorf bis zu einem gewissen Grade bot, sie fiel in die Kategorie des Fremdseins. Die Gesindezeit und die Wanderschaft von einem Haushalt zum nächsten bedeuteten ein Leben auf der Grenze zwischen Dazugehören und Fremdsein. Wurden die Regeln des Dienstein- und -austrittes nicht eingehalten, gerieten die Dienstmägde sehr schnell in die Zone der Fremden, der Außenseiterin und Asozialen. Straflisten von Dienstmägden verzeichnen Strafen wegen Bettel, Vagabondage, Diebstahl, und sie zeigen, in welche Bedrängnisse Mägde kamen ...*».[10]

Auch die Großstadt, deren Weite zunächst so verheißungsvoll schien, kann viele Enttäuschungen bringen: Einsamkeit und Entwurzelung, Anonymität und Verunsicherung. Der Traum vom sozialen Aufstieg erfüllt sich nur wenigen. Statt dessen geht der Schutz verloren, den früher Familie, Dorfgemeinschaft und Kirchen geboten hatten, und so wächst die ökonomische und sexuelle Ausbeutbarkeit. Zum Beispiel sind die Dienstmädchen nicht selten sexuellen Übergriffen des Hausherrn ausgesetzt, gegen die sie sich aufgrund ihrer abhängigen Position nur schwer wehren können. Oder sie sind den Praktiken der Gesindevermittler ausgeliefert, die ihre Unerfahrenheit ausnutzen:

Die Vermittlerinnen unterhielten «*für Stellungsuchende, vor allem für Ammen Unterkünfte, in denen die Mädchen übernachten konnten und verpflegt wurden. Häufig dienten sie den Vermittlerinnen nur als Vorwand, um die Mädchen zur Prostitution anzuhalten. Dabei verstanden es die Frauen, die Unerfahrenheit und Gutgläubigkeit vieler Landmädchen auszunutzen, indem sie die Vermittlung einer Stelle im Haushalt so lange hinauszögerten, bis diese Übernachtung und Verpflegung nicht mehr bezahlen konnten, Schulden bei der Vermieterin machen mußten und so völlig in deren Abhängigkeit gerieten. Oder sie machten sich die Stellungsuchenden dadurch gefügig, daß sie das Dienstbuch und andere Legitimationspapiere einbehielten und die Mädchen damit erpreßten».*[11]

Insgesamt sind die Erwerbsmöglichkeiten eng begrenzt, die Frauen gegen Ende des 19. Jahrhunderts offenstehen, und sie sind mit enormen Belastungen verknüpft: durchgängig lange Arbeitszeit und niedriger Lohn, dazu oft gesundheitsschädliche Arbeitsbedingungen und früher physischer Verschleiß, schlechte Wohnung und ungenügende Kost. Damit entsteht eine eigentümlich zwiespältige Situation. Auf der einen Seite ist es die außerhäusliche Erwerbstätigkeit, die Unabhängigkeit von der Familie und ihren Kontrollen eröffnet und damit auch dem Wunsch nach einem Stück «eigenen Leben» Auftrieb gibt. Auf der anderen Seite sind die realen Bedingungen der Erwerbsarbeit kaum dazu angetan, den Lebensunterhalt auf Dauer zu sichern. Aus beidem entsteht eine historisch neue Diskrepanz: Am Horizont deutet zum ersten Mal die Ahnung von einem Stück «eigenen Leben» sich an – aber im täglichen Leben wird sie kaum eingelöst, eher unterdrückt und verweigert.

Und damit kommen wir zu der Frage, die hier am meisten interessiert: Wenn die alte Familienbindung ein Stück weit brüchiger wird, was wird dann aus Mutterschaft? Welche Bedeutung gewinnt die Beziehung zum Kind unter den neuen Bedingungen?

2. Mutterschaft kann materielle Sicherung bieten

«Eine Frau ist nichts. Eine Ehefrau ist alles ... und eine Mutter hat die größte Macht nach Gott» (amerikanische Zeitung um die Mitte des 19. Jahrhunderts).[12]

Im ausgehenden 19. Jahrhundert gibt es für Frauen noch wenig eigene Lebensmöglichkeiten außerhalb der Familie. Und solche, die es gibt, bringen viel Arbeit und wenig Geld. Daran wird sichtbar, daß da, wo die Familienbindung brüchig wird, für Frauen oft neue Nachteile und Belastungen entstehen. Sie werden dann konfrontiert mit den Schattenseiten des eigenen Lebens, seinen Bedrohungen und Unsicherheiten. Das genau sind die Bedingungen, aus denen heraus Mutterschaft neue Bedeutung gewinnt – oder genauer, eine Bedeutung, die nicht eigentlich neu ist, sondern schon in früheren Jahrzehnten des 19. Jahrhunderts begann, jetzt aber in weitaus stärkerem Maße sich durchsetzte. Um diese Entwicklungslinie geht es im folgenden Abschnitt, und der Grundgedanke heißt: Mutterschaft gibt den Frauen des Bürgertums soziale Sicherheit und ökonomische Versorgung. Betrachten wir dazu einschlägige Materialien aus der historischen Familien- und Frauenforschung. Sie zeigen etwa folgendes Bild:

Im mittleren und gehobenen Bürgertum leben die verheirateten Frauen weiterhin im Privatraum Familie. Sie erfahren die Veränderungen, die innerhalb des Hauses sich durchzusetzen beginnen – und die gehen zunehmend in Richtung dessen, was Soziologen den «Funktionsverlust der Familie» nennen, was in der Frauenforschung die «Große Häusliche Leere» heißt.[13] Im Verlauf dieser Entwicklung werden viele Aufgaben abgegeben, die früher zum Arbeitsalltag der Frau gehörten. Spürbar wird dies zunächst als innere Unausgefülltheit der Frau. Aber was sich dahinter drohend schon ankündigt, ist die objektive Nutzlosigkeit ihrer Existenz. Die Familie braucht sie nicht mehr: Die Frau kann gehen. Aber wohin? Was dann, wenn die Familienbindung sich auflöst, wenn der Zwang zum eigenen Leben kommt, mit vielen sozialen und ökonomischen Risiken verbunden? Das sind die Fragen, die gegen Ende des 19. Jahrhunderts sich aufdrängen. Doch eine Sicherung gibt es dagegen. Denn was bleibt, nein: was neue Bedeutung gewinnt, ist das Kind. Die Kindererziehung, von den pädagogischen Experten jetzt so sehr in den Blickpunkt gerückt, ist der letzte beständige Kern im Dasein der Frau, wie eine amerikanische Studie es nennt: das «letzte Refugium für ihre Fähigkeiten und Würde».[14] Wo derart im Innern des Hauses eine Leere entsteht und wo Frauen gleichzeitig noch kaum eigene Lebensmöglichkeiten und Ziele haben, da eben beginnen sie, dem Leitbild der bewußten Kindererziehung zu folgen.

Es sind dies nach *Elisabeth Badinter* die «*Frauen des wohlhabenden Bürgertums, die weder gesellschaftliche Ambitionen noch intellektuellen Ehrgeiz hatten und die es nicht nötig hatten, mit ihrem Mann zu arbeiten … Die Frau des Amtsrichters war ebenso darunter wie die des Präfekturangestellten oder des reichen Kaufmanns. Beweglicher als andere und unbewußt auf der Suche nach einem Ideal und Daseinsgrund, wurden sie vor allen anderen empfänglich für die Argumente der örtlichen Behörden und der ärztlichen Autoritäten. Sie waren die ersten, die das Kind als ihre persönliche Angelegenheit auffaßten als etwas, wodurch ihr Frauendasein einen Sinn bekommt*».[15]

Dabei ist freilich das ausgehende 19. Jahrhundert schon eine schwierige Übergangszeit. Denn auf der einen Seite gewinnt die Berufsarbeit immer größere Bedeutung; aber gleichzeitig sind Frauen von allen «besseren» Berufen weitgehend ausgeschlossen. Also schaffen sie sich ihren eigenen Beruf – eben das Kind. Für diese Deutung spricht, daß genau in dieser Zeit eine «Bewegung der Mütter» entsteht, die die Bedeutung von Mutterschaft bewußt ausbaut und weiter verkündet.[16] Mutterschaft ist hier nicht mehr nur ein biologischer Akt oder eine Arbeit neben anderen, sondern wird zum Beruf, ja zur «höchsten Berufung». Zur Illustration zwei typische Aussagen:

«Welcher Beruf der Welt erfordert denn so weiten Blick und so vollkommene Ausgeglichenheit, solche Persönlichkeit, solchen Atem und Gesichtskreis, solch tiefes Verständnis, so viel Philosophie wie dieser, der so leicht eingeschätzte Beruf der Mutter?» (Helen Gardener 1897)[17]

«Die Vertretung von Frauen im Parlament und im Journalismus, in der Regierung von Städten und Ländern, bei Friedenskongressen und Arbeitertreffen, in Wissenschaft und Literatur, all dies wird wenig Erfolge erzielen, solange Frauen nicht erkennen, daß die Veränderung der Gesellschaft beim ungeborenen Kind beginnt ... Diese Veränderung verlangt eine ganz neue Vorstellung vom Beruf der Mutter, ungeheure Willensanstrengung, fortwährende Eingebung» (Ellen Key 1909).[18]

«Die gesellschaftliche Bedeutung der Mutterschaft war ... das wichtigste Machtpotential der bürgerlichen Frauen»:[19] Vor diesem Hintergrund ist auch die Haltung der frühen Frauenbewegung zu begreifen. Beginnen wir in Amerika. Da bildet sich gegen Ende des 19. Jahrhunderts eine Bewegung für «Freiwillige Mutterschaft» (Voluntary Motherhood). Deren Vertreterinnen plädieren zwar für Zeiten sexueller Enthaltsamkeit in der Ehe als Mittel der Geburtenkontrolle, um die Frau vom Zwangskreislauf rasch aufeinanderfolgender Schwangerschaften und Geburten zu befreien. Doch lehnen sie Mutterschaft nicht etwa ab, nein ganz im Gegenteil: sie übernehmen weitgehend das idealisierte Mutterbild ihrer Zeit. Auch hier gilt Mutterschaft als hoher und heiliger Beruf, und wenn eine Frau ihn vermeidet und sich dagegen entscheidet, so wählt sie den geringeren, den weniger erhabenen Weg. Kurz, die damalige Frauenbewegung will zwar den gesellschaftlichen Rahmen des Frauenlebens erweitern, aber nur in dem Sinne, daß Mutterschaft nicht die eine und einzige Perspektive bleibt, vielmehr auch andere Aktivitäten denkbar werden. Nie geht sie so weit, Mutterschaft selbst in Frage zu stellen.[20]

So kann als durchaus typisch gelten, was die Feministinnen *Victoria Woodhull* und *Tennessee Claflin* 1870 schreiben: «*Es ist wahr, daß das besondere und eigentümliche Wesensmerkmal der Frau darin liegt, Kinder zu gebären ... Und es ist ebenfalls wahr, daß man sagen muß: Diejenigen, die durchs Leben gehen, ohne diesen besonderen Grundzug ihrer Bestimmung zu erfüllen, haben das schönste Ziel des Frauenlebens nicht erreicht. Aber auch wenn man Mutterschaft stets als die heiligste Aufgabe betrachten soll, zu der die Frau fähig ist, so soll in Anerkennung dieser Tatsache doch nicht übersehen werden, daß es daneben verschiedene andere Bereiche gibt, wo die Frau ihre Fähigkeiten nutzbringend einbringen kann*».[21]

Ähnlich ist auch die Haltung der bürgerlichen deutschen Frauenbewegung zu Beginn des 20. Jahrhunderts. Auch hier wird, ähnlich wie in Amerika, Mütterlichkeit aufgewertet und ausgebaut zum weiblichen Lebensprogramm: Die verheiratete Frau soll die Idee der Mütterlichkeit in ihrer Familie verwirklichen, die unverheiratete soll «seelische Mütterlichkeit» in ihren Beruf einbringen.[22]

Dazu eine typische Formulierung aus der Frauenbewegung: «*Ausschlaggebend für den Anteil der Frau an der menschlichen Kultur ... wird stets ihre Bestimmung zur Mutterschaft sein ... Die Bestimmtheit zur Mutterschaft ist ... die Summe aller der mit der physischen Bestimmung der Frau verknüpften psychischen Merkmale, der Zug zum Persönlichen, Konkreten, jene schnellere und tiefere Fühlung mit menschlicher Eigenart, die der Urgrund ist des psychischen Altruismus, des Mitleids, der Liebe, die auch in ihren geistigen Formen die Züge des Weibes trägt*».[23]

Auf der Grundlage solcher Vorstellungen entstehen innerhalb der bürgerlichen Frauenbewegung dann Versuche einer «Organisierten Mütterlichkeit». Ihr Ziel ist es, der Zurückdrängung der Frau aufs Private entgegenzuwirken und ihr Zugang zur Politik und Öffentlichkeit zu erschließen. Die Strategie, die gewählt wird, entspricht den Voraussetzungen der Zeit. Nicht die direkte Konkurrenz zum Mann wird gesucht, unter Berufung auf

Gleichheitspostulate, denn dies müßte in einen Wettbewerb münden, auf den Frauen durch ihre Erziehung und Ausbildung keineswegs vorbereitet sind. So wird der umgekehrte Weg eingeschlagen: Die Verschiedenheit der Geschlechter wird betont und die Besonderheit der Frau – eben das «Mütterliche» im weitesten Sinn –, um ihr so eigene Handlungs- und Einflußfelder zu öffnen, vor allem in Berufen des Sozial-, Pflege- und Erziehungsbereiches.[24]

Doch auffallend ist, daß der sich anbahnende Konflikt zwischen Mutterschaft und eigener Lebensgeschichte der Frau in der damaligen Frauenbewegung nicht zum Thema gemacht wird. Oder genauer und typischer noch, er taucht vielleicht kurz einmal auf, aber dann nur im negativ abgrenzenden Sinn, als Verirrung und Mißverständnis; wird dann sofort beiseite geschoben, wird zu lösen versucht durch Übernahme der vorherrschenden Ideen vom Wesen der Frau und von Mutterschaft als höchster Erfüllung.

So heißt es z.B. 1902 im «Handbuch der Frauenbewegung»: *«Der Beruf der Frau sind ihre Kinder... Daß ist der heiligste Beruf der Frau, der unter keinem anderen leiden soll». Und weiter: «Endlich aber fragt sich, ... wie die ‹Befreiung› von den Kindern auf das weibliche Geschlecht selber wirken würde. Gewinnen würde es weniger... Verlieren aber würde es vielleicht um so mehr. Die Mütter würden entweder immer darunter leiden, ihre Kinder verlassen zu müssen. Oder sie würden sich im Lauf der Jahrhunderte daran gewöhnen. Auch das ist denkbar; aber noch weniger wünschenswert. Wie die Mutterbrust verkümmert, wenn Generationen hindurch nicht gestillt wird, so könnte es auch im Seelischen sein; ... so könnte das Eigenste im Weibe, die Mütterlichkeit, geringer und geringer werden, bis die Frau schließlich ein Wesen wäre, das durch die physische Mutterschaft gehemmt und geschwächt ist, aber nicht mehr die Größe hat, die ihr das Seelische der Mutterschaft gegeben hatte».[25]*

Ja, man muß es wohl noch gezielter sagen: Die unsicher werdende wirtschaftliche Versorgung der Frau bestimmt hier wesentlich die Einstellung zur Mutterschaft mit. Der Mutterschaftskult jener Zeit entsteht nicht nur deshalb, weil die Männer bemüht sind, die Frau an ihrem Platz zu halten. Er entsteht auch deshalb, weil die Frauen noch kaum einen anderen Platz haben – und deswegen diesen einen ausbauen und absichern müssen. Die Versorgung über den Familienverband beginnt brüchig zu werden, aber eigenständige Lebensmöglichkeiten sind noch wenig real für die Mehrheit der Frauen. Für sie, die keine Alternative zum «Dasein für andere» haben, wird das Kind zur existentiellen Sicherheit: Solange Mutterschaft mit Ehe verknüpft ist, gewinnt die Frau über das Kind materielle Versorgung durch den Mann.

Von daher erklärt sich auch, was nach heutigen Maßstäben eigenartig erscheint: warum die Vertreterinnen der frühen Frauenbewegung gleichzeitig für Geburtenkontrolle eintreten und für Mutterschaft als höchsten Beruf. Mit dieser «Doppelstrategie» nehmen sie die unterschiedlichen Interessenlagen auf, die damals im weiblichen Lebenszusammenhang angelegt sind. Auf der einen Seite brauchen Frauen Freiheit von den Anstrengungen ständiger Schwangerschaften, aber auf der anderen Seite brauchen sie auch die Anerkennung und das Selbstbewußtsein, das Mutterschaft ihnen bringt. Im großen und ganzen ist Mutterschaft damals die einzige herausfordernde, angesehene und befriedigende Arbeit, die Frauen bekommen können. In diesem Kontext ist es eine durchaus rationale Verhaltensstrategie, wenn Frauen an ihrer Arbeit als Mütter festhalten, weil hier die einzige Basis ist für sozialen Status und die erhoffte politische Macht.

«Das ‹Selbstbestimmungsrecht der Frau über ihren Körper› konnte nur dann dazu führen, Mutterschaft als eigentliche Bestimmung und Maßstab ihres sozialen Wertes zurückzuweisen, wenn es andere Aufgaben und Quellen der Wertschätzung gab. Die Frauenrechtlerinnen der 70er und 80er Jahre des 19. Jahrhunderts kämpften für diese anderen Möglichkeiten, aber einen spürbaren Wandel gab es erst für einige wenige privilegierte Frauen ... So blieb die Bewegung für ‹Freiwillige Mutterschaft› in jener Epoche fast ausschließlich ein Instrument der Frauen, um ihre Position innerhalb der traditionellen Ehe zu stärken, nicht um sie zurückzuweisen».[26]

Die «Entdeckung des Kindes», die im Bürgertum des 19. Jahrhunderts immer weiter sich ausbreitet, ist demnach auch eine Antwort auf die neue Frage, die sich zur selben Zeit in derselben Schicht entwickelt: die Frauenfrage. «She was intelligent and generous», schreibt *Henry James* über die Heldin seines Romans «Portrait of a Lady», «it was a fine free nature; but what was she going to do with herself»?[27] Das Kind, oder genauer: die bewußte Beschäftigung mit dem Kind ist die naheliegende Lösung.

3. Mutterschaft wird auch zur Belastung

«Man wird den Frauen das Kindergebären noch ganz verleiden mit der Sucht, sie dafür für alle anderen Lebensansprüche abfinden zu wollen» (Hedwig Dohm 1903).[28]

Bisher wurde gezeigt, wie durch den Funktionsverlust des bürgerlichen Haushalts und die weiterhin bestehende ökonomische Abhängigkeit der Frau Mutterschaft eine neue positive Bedeutung gewinnt. Doch damit ist erst ein Teil der Entwicklung beschrieben, jetzt rückt die andere Seite ins Blickfeld: In der Herauslösung aus traditionellen Bindungen sind auch Verheißungen und Hoffnungen enthalten, die Möglichkeit von Freiräumen, von Unabhängigkeit und Selbständigkeit. Vorweg im Grundgedanken zusammengefaßt:

Wo die Verheißungen des Freisetzungsprozesses spürbar werden, wo der Anspruch auf eigenes Leben entsteht, da verändern sich – in zunächst sehr leisen und vorsichtigen Formen – die Einstellungen und Verhaltensweisen von Frauen. Sie beginnen, sich nicht mehr nur im Bezugsrahmen der Familie zu begreifen, als deren Dienerin, Versorgerin, Hüterin oder «Engel des Hauses». Sie sehen eher als früher auch die eigene Person, spüren eigene Wünsche, Erwartungen, Ansprüche. Das sind nicht Signale, sondern viel bescheidener: erste Ahnungen eines möglichen Aufbruchs. Aber wie zögernd auch immer sie sind, dadurch werden die Belastungen spürbar, die in Mutterschaft angelegt sind. Denn Mutterschaft beschränkt jetzt nicht mehr nur den Handlungsspielraum der Frau, wie es immer schon war, durch die biologischen Abläufe von Schwangerschaft und Geburt, und auch nicht durch den schnellen Anstieg der Anforderungen, was die Kindererziehung angeht. Nein, Mutterschaft steht jetzt auch dem entgegen, was im weiblichen Lebenszusammenhang soeben sich abzuzeichnen beginnt: den ersten Ahnungen und Ansprüchen einer eigenen Person. Auf manchen Ebenen geraten die Anforderungen, die mit dem Kind sich verbinden, in Konkurrenz und Konflikt zu den Erwartungen, Hoffnungen, Plänen, die die Frau selbst hat.

Was hier idealtypisch auf wenige Sätze zusammengefaßt ist, ist in der Realität eine lange Entwicklung, die schichtspezifisch unterschiedlich verläuft, weil Frauen den Anspruch und Zwang zum eigenen Leben in anderen Ausschnitten erfahren je nach Herkunft und sozialer Lage. Auch setzt diese Entwicklung zunächst sehr allmählich ein, bleibt auf ein Dasein unter der Oberfläche beschränkt und dadurch weithin verborgen. Um den Verlauf dieses Prozesses am historischen Material herauszuarbeiten, soll hier bei zwei Studien angesetzt werden, die sich auf Frauen verschiedener Schichten beziehen. Beide zusammengenommen machen anschaulich sichtbar, wie über die Unterschiede der Lebenslagen hinweg ein neues gemeinsames Thema entsteht: Mutterschaft als Belastung.

Betrachten wir zunächst die Frauen der Unterschicht. Sie müssen schon früh ihren Lebensunterhalt selbst verdienen und kommen dadurch in Berührung mit den in der Arbeitswelt geforderten Denkweisen, Verhaltensformen, Überlebensstrategien, kurz mit der «Mentalität des Marktes».[29] Genau hier setzt eine Studie des Sozialhistorikers *Edward Shorter* an, die sich auf Frauen in Westeuropa zwischen 1750 und 1900 bezieht.[30] Er nimmt zum Ausgangspunkt, daß ab der Mitte des 18. Jahrhunderts Frauen der Unterschicht zunehmend in marktvermittelte Arbeitsverhältnisse einbezogen werden, und führt dann aus, daß durch die Konfrontation mit den Marktverhältnissen die proletarischen Frauen neue Orientierungen lernen, die auf die eigene Person, auf Durchsetzung eigener Interessen und Ansprüche gerichtet sind. Ein solcher Einstellungswandel aber, so folgert *Shorter*, läßt sich nicht auf den Marktbereich eingrenzen, sondern greift auch über auf die Familie. Die jungen Frauen der Unterschicht entwickeln bald auch den

Wunsch nach mehr Freiheit in ihren persönlichen Beziehungen, in bezug auf Sexualität, Ehe und Kinder. Die über den Markt vermittelte Erwerbstätigkeit ist also ein Schritt aus der «Unterwerfung, Machtlosigkeit, Abhängigkeit» im Haus,[31] verändert die unmittelbaren Beziehungen im Alltag, gibt Frauen ein «wachsendes Bewußtsein der Selbständigkeit ihrer Person»,[32] ist mit anderen Worten: ein wichtiger Motor für Bewußtsein und Selbstbewußtsein.

Für *Shorter* ist es genau dieser Einstellungswandel, der bei Frauen der Unterschicht ein Interesse und eine Bereitschaft zur Geburtenkontrolle aufkommen läßt. Damit er sich in ein entsprechendes Handeln umsetzen kann, bedarf es freilich auch noch eines Wissens um die Möglichkeiten der Geburtenkontrolle, und dies erreicht die Frauen der Unterschicht erst am Ende des 19. Jahrhunderts. Das aber ist dann der Zeitpunkt, wo in Westeuropa ein deutlicher Geburtenrückgang beginnt.

«Das vorangehende Jahrhundert weiblicher Emanzipation hatte bereits eine größere Gruppe von Frauen der Unterschicht hervorgebracht, die von ihren Einstellungen her zu kleinen Familien bereit waren und den dringenden Wunsch hatten, ihre Fruchtbarkeit zu begrenzen, denen aber, bis die zweite Phase begann, noch das nötige Wissen über die Biologie der Fortpflanzungsvorgänge fehlte. Daß sich in dieser Phase dann die Geburtenkontrolle verbreitete, ist eher das Ergebnis zunehmenden Wissens als veränderter Einstellungen. Diese Frauen hatten sich dem Strukturwandel schon angepaßt, als sie in ihren Einstellungen freier und offener wurden».[33]

Nun kann man sicherlich fragen, ob Marktbeziehungen wirklich ein so starker Motor für Freiheitswünsche, ja «Emanzipation» sind, wie *Shorter* es annimmt. Schließlich, das wissen wir ja, bringt die Erwerbstätigkeit zwar eine Herauslösung aus der Familienbindung, aber damit noch längst nicht den Zustand der Freiheit. Oft genug wird dabei eine Form der Abhängigkeit gegen eine andere vertauscht, um es mit *Clara Zetkin* zu sagen: «Von dem Tage an, wo die Frau das Joch der ökonomischen Abhängigkeit vom Manne abwarf, geriet sie unter die ökonomische Botmäßigkeit des Kapitalisten».[34] Doch dieser Einwand trifft insofern nicht, als die neue Abhängigkeit eine andere ist als die alte. Sie ist weniger unmittelbar und persönlich, läßt deshalb eher bestimmte Freiräume zu, wie *Alice Salomon* es formuliert hat: «In ihren persönlichen Bedürfnissen ist die Frau, die ein großes Hauswesen leitet, von ihrem Mann meist durchaus abhängig; abhängiger als die Lohnarbeiterin mit dem geringsten Einkommen».[35] Genau das ist der hier entscheidende Punkt, und so gesehen gibt *Shorters* Modell einen wichtigen Hinweis: Es lenkt unseren Blick auf die Lebenssituation der Frauen der Unterschicht, auf die «Mentalität des Marktes» und die darin angelegten Impulse zu einem Einstellungswandel im Verhältnis von Frau, Familie und Kind.

Was *Shorter* freilich nicht richtig sieht, ist die Lebenssituation der Frauen des mittleren und gehobenen Bürgertums: Auch darin sind, weit mehr als er annimmt, schon Momente enthalten, die auf eine Einschränkung der Kinderzahl hindrängen. Dies wird deutlich, wenn man die Untersuchung des Historikers *Carl N. Degler* liest, die sich auf Frauen der gebildeten Mittelschicht bezieht, und zwar in Amerika um die Mitte des 19. Jahrhunderts.[36] Diese Frauen werden zwar noch nicht von den Marktbeziehungen, den darin angelegten Zwängen und Orientierungen erreicht. Aber sie haben eine Position, die erheblich selbständiger und angesehener ist als die der europäischen Frauen.[37] Und auch wenn sie noch wenig formelle Bildung erhalten, so gibt es doch zahlreiche indirekte Kanäle, über die Gedanken durchsickern und sich verbreiten. Deshalb können diese Frauen nicht ganz abgeschirmt bleiben von den Ideen der sie umgebenden Gesellschaft und Schicht, von den Impulsen der Aufklärung, die persönliche Entwicklung, Bewußtsein und Selbstbewußtsein betonen. Sie werden, früher wohl als Frauen in Europa, von einer neuen Botschaft berührt: vom Aufklärungsmodell der Frau als «Person und Bürgerin».[38] Genau das ist die Stelle, wo nach *Deglers* Studie der historische Einschnitt beginnt: Mit den neuen Bildungsidealen werden Einstellungen, Interessen, Ansprüche vorbereitet, neue Maßstäbe des inneren Lebens, die teilweise in Konkurrenz geraten zu dem, was Mutterschaft fordert. Lesen wir dazu ein paar Ausschnitte aus Tagebüchern und Briefen, die *Degler* zitiert:

Im Jahr 1846, nach der Geburt ihres fünften Kindes, schreibt *Mary Walker* in ihr Tagebuch: «*Die Sorge für meine Familie nimmt mein Denken gänzlich in Anspruch ... Mir bleibt kein Raum, um an anderes zu denken. Ich habe manchmal kaum genug Mut, um versuchen zu leben. Denn die einzige Aussicht ist, daß die Arbeit in den nächsten Jahren von Jahr zu Jahr weiter zunehmen wird*».

Zwei Jahre nach ihrer Heirat schreibt *Mollie Sanford* in ihr Tagebuch: «*Jenseits meiner kleinen Hausarbeit verbringe ich die Zeit ziemlich eintönig. Ich entwickle mich kaum weiter. Wo ist nur mein Geist geblieben*». Nach der Geburt ihres zweiten Kindes, das ist 1863, werden die Tagebucheintragungen immer seltener: «*Ich schreibe jetzt nur noch, wenn ich dazu in Stimmung bin. Ich weiß, daß ich meine Pflichten als Frau und Mutter erfülle*». Und nach der Geburt des zweiten überlebenden Kindes endet das Tagebuch ganz. «*Mit meinen zwei Kindern werde ich weniger Zeit für Eintragungen haben*», schreibt sie auf der letzten Seite. «*Ich hoffe, meine Zeit dafür zu verwenden, sie in der ersten Zeit ihrer Hilflosigkeit zu versorgen und pflegen, und später durchs Leben hindurch ihre jungen Gemüter zu üben und lehren*».

An ihrem elften Hochzeitstag im Jahr 1846 schreibt *Harriet Beecher Stowe* einen Brief an ihren Mann, in dem sie eine Art Bilanz ihrer Erfahrungen mit dem Familiendasein zieht. Am Anfang «*die Hoffnung, Mutter zu sein. Kein Lebewesen hatte sich jemals so sehr danach gesehnt, das Gesicht eines Kindchens zu sehen, oder hatte ein Herz so voller Liebe zu geben*». Aber die Wirklichkeit sah anders aus als die Erwartungen. «*In langer Reihe kamen Krankheit, Schmerzen, Verwirrung, ständige Entmutigung, Erschöpfung, Anstrengung bei Tag und Nacht ... Ach, wie wenig Trost hatte ich in meinem Mutterdasein – und wie ist alles, was ich gewollt hatte, anders gekommen, durchkreuzt worden, wie ist mein Weg überall eingezäunt worden!*» Ihre Schlußfolgerung lautet, es sei Gottes Wille, «*daß ich die Familie nicht zu meinem Lebensziel und meiner Bestimmung mache, und wie bitter diese Lehre auch ist, ich danke Ihm von ganzer Seele dafür*».[39]

An solchen Äußerungen wird sichtbar, wie die Ideen persönlicher Entwicklung, wo sie einmal von Frauen aufgenommen und auf ihre eigene Lebenssituation angewandt werden, dort eine widerspenstige Kraft entfalten: im heiligen Tempel der Familie der erste Funken des Zweifels. Im «Dasein für andere», wo bleibt da noch Raum zur eigenen Entwicklung? Und wo Mutterschaft als Belastung spürbarer wird, ist da nicht naheliegend, die Belastung in Grenzen zu halten: die Kinderzahl zu beschränken? Das ist das Bild, das *Degler* uns zeichnet. Mit den neuen Bildungsidealen wird der Einstellungswandel vorbereitet, der wesentlich beiträgt zum ersten Rückgang der Geburtenzahlen. «Als die Frauen sich ihrer selbst als Person bewußter wurden, versuchten sie auch, ihre Fruchtbarkeit zu kontrollieren».[40]

«… Frauen haben immer einen Grund gehabt, die Kinderzahl zu begrenzen, den es für Männer in dieser Form nicht gab. Aber dieser Grund konnte auf breiterer Basis erst verhaltenswirksam werden, als Frauen sich ihrer Person bewußt wurden – d.h. als sie sich als eigene Person jenseits von Mann und Familie wahrnahmen».[41]

Wenn *Deglers* Interpretation der Geschichte stimmt, dann sind es also nicht – wie es heute manchmal erscheint – erst die berufsorientierten Frauen des späten 20. Jahrhunderts, die die ausschließliche Bindung ans Kind als einengend und beschränkend erleben. Dann hat es schon im gebildeten Bürgertum des mittleren und späten 19. Jahrhunderts Frauen gegeben, die Mutterschaft als Ganztagsbeschäftigung ermüdend finden, als «tägliche Runde von trivialen Tätigkeiten, Zeit beanspruchend, Energien verschleißend» (*Newston* 1881).[42] Aber deutlich ist auch, daß sie sich in einer schwierigen Lage befanden. Denn das 19. Jahrhundert war ja gerade die Zeit, wo Mutterschaft in breiten Kreisen idealisiert und romantisch überhöht wurde. Das heißt, die in einem solchen Milieu lebenden Frauen waren mit einem Leitbild konfrontiert, das ihre Gedanken als Verirrung und Schuld definierte.

Was konnten sie in dieser Zwangslage tun? Die wahrscheinliche Annahme heißt: meistens nicht viel. Unterordnung, nicht Rebellion hieß der zugewiesene Weg. Ein Ausweg war vielleicht auch die Flucht in die Krankheit, ein Verhalten, das damals bei Frauen der gehobenen Mittelschicht weit verbreitet war.[43] Dagegen ein Eingeständnis, daß das Kind nicht nur Glück, sondern auch Fessel sei – das konnte erst der letzte Schritt sein, und er erforderte enorm viel Mut. So weit konnte es wohl nur unter Ausnahmebedingungen kommen, etwa in einem Milieu, das intensive Begegnungen brachte mit Kunst und Kultur, Wissenschaft, Philosophie, Politik. Und selbst dann mußten, unter dem Druck des vorherrschenden Leitbilds, die aufrührerischen Gedanken möglichst privat bleiben, nur aufs Tagebuch oder vertrauliche Gespräche und Briefe beschränkt.

Ein anschauliches Beispiel dafür finden wir bei einer Frau, die auf den ersten Blick sehr weit entfernt scheint von der bei *Degler* betrachteten Gruppe. Es ist *Sofja Tolstoja*, die Ehefrau *Tolstois* – eine Frau also, die nicht in der gebildeten amerikanischen Mittelschicht des 19. Jahrhunderts lebt, sondern zu den Adelskreisen des zaristischen Rußland gehört. Doch über die Differenz der Kontinente und Standesgrenzen hinweg läßt sich eine bestimmte Ähnlichkeit in den Lebensumständen entdecken, die für unseren Zusammenhang wichtig ist. Sowohl nämlich die bei *Degler* betrachteten Frauen wie *Sofja Tolstoja* kommen mit geistigen Impulsen in Berührung, die die Grenzen eines ganz auf private Häuslichkeit ausgerichteten Lebens überschreiten. Aber gleichzeitig können sie solche Bildungsansprüche kaum verwirklichen, weil die Sorge für den Haushalt und die wachsende Familie ihnen immer weniger persönlichen Freiraum läßt. Diese Diskrepanz zwischen Anspruch und Verwirklichungschancen – das ist das Gemeinsame, was die von *Degler* untersuchten Frauen mit *Sofja Tolstoja* verbindet.

Dabei erscheint, äußerlich betrachtet, *Sofja Tolstojas* Leben geradezu eine Verkörperung des Mutterschaftsideals: Sie hat nicht weniger als dreizehn Kinder geboren. Erst wenn man ihre privaten Aufzeichnungen liest, wird dahinter eine biographische Konstellation sichtbar, die sehr unausgewogen und dadurch sehr konfliktreich ist: Auf der einen Seite, über den Mann, ist sie dauernd konfrontiert mit der Welt der «großen Ideen»; aber sie selbst ist ganz dazu abgestellt, die unzähligen Alltagsgeschäfte in Haus und Familie und bei der Verwaltung des Gutes zu regeln. In ihren Tagebüchern spiegelt sich genau diese Kluft. Schonungslos protokolliert sie, wie über die Jahre hinweg ihre Bitterkeit wächst gegen die «Familiendespotie»,[44] der sie ihr «ganzes Leben untertan gemacht hat»[45] und die immer weiter verlangt, daß sie «sklavisch zu Diensten» sein soll.[46] In Ausbrüchen von Enttäuschung, Verzweiflung und Trauer beschreibt sie ihre «Sehnsucht nach individueller Freude, einem Privatleben, eigener Arbeit, und nicht der Arbeit an fremden Arbeiten, wie es mein Leben lang war».[47] Immer nur «Sklavin zu sein ..., das kann ich nicht mehr».[48]

«Habe kein Privatleben, kann nicht lesen, nicht spielen, nicht nachdenken – und so war das immer. Ist das überhaupt ein Leben? ... Eigentlich lebe ich gar nicht – je dure.

Serjoscha [der Sohn] sagte heute: ‹Mamá wird immer kindischer, ich werde ihr eine Puppe schenken, meinetwegen auch noch ein Puppengeschirr dazu›. Komisch, was er da gesagt hat, aber mein Kindischwerden ist gar nicht komisch, eher sehr tragisch. Ich hatte nie die Zeit, mich selbständig mit irgend etwas zu beschäftigen, nie die Zeit, mich mit mir zu beschäftigen. Meine Kräfte und meine Zeit mußten stets für das herhalten, was die Familie – Mann oder Kinder – jeweils gerade von mir verlangten. Und nun bin ich auf einmal alt, habe alle meine geistigen, seelischen und körperlichen Kräfte für die Familie verausgabt und bin, wie Serjoscha sagt, ein Kind geblieben. Nach all der Plackerei für die Familie kann ich nur die Hände ringen, daß ich keine bessere Bildung habe, in keiner der Künste bewandert bin, wenig Menschen kennengelernt und wenig von ihnen gelernt habe – doch zu spät ...

Wie sehr die Kinder mir auch Vorwürfe machen mögen – ich werde nie mehr die sein, die ich einmal war. Alles nutzt sich mit der Zeit ab, und so haben sich auch meine mütterlichen, heftigen Gefühle für die Familie abgenutzt. Ich kann und will nicht mehr leiden angesichts ihrer Schwächen, Unzulänglichkeiten und ihres Unglücks ... von diesen Familiengeschichten habe ich mehr als genug ... Meine Großmuttergefühle gehen ... nicht sehr tief. Mit Kindern muß man sich ganz den dinglichen, irdischen Interessen zuwenden, ich bin davon jedoch weit entfernt, mich interessiert die Welt der Kinder nicht mehr. Hatte genug davon».[49]

Sofja Tolstoja, die vielfache Mutter: von den äußeren Daten scheint sie noch ganz dem Frauenbild ihrer Zeit zu entsprechen. Und doch ist im Innern schon die Auflehnung da, freilich noch auf Worte beschränkt, aufs Tagebuch, und für sie selbst auch «zu spät». Aber das genau sind die ersten Formen, die frühen, nach außen verborgenen, deshalb schwer zu entdeckenden Signale, wie das Verhältnis von Frau, Familie und Kind sich zu verändern beginnt.

Kehren wir wieder nach Amerika zurück und nehmen wir von dort ein weiteres Beispiel, nämlich die Schriftstellerin *Kate Chopin*. Sie ist eine der wenigen Frauen, die ihren Protest öffentlich artikulieren. Denn sie schreibt nicht mehr nur Briefe oder Tagebuch, sondern einen Roman, 1899 erschienen und bezeichnend genannt: «Das Erwachen». Seine Heldin und Hauptgestalt heißt Edna Pontellier, und an ihrer Person wird die Geschichte einer Auflehnung gegen die Mutterrolle geschildert, ein Widerstand gegen «Selbstaufopferung» und «Versklavung der Seele».

Zunächst sind es nur Spuren einer inneren Distanz, noch kaum festzumachen am äußeren Verhalten: *«Es wäre eine schwierige Sache für Mr. Pontellier gewesen, ... zu definieren, worin seine Frau ihren Pflichten gegenüber den Kindern nicht genügte. Es war etwas, das er eher fühlte als verstand ... Wenn einer der kleinen Pontelliers beim Spielen hinfiel, war seine erste Regung meistens nicht, heulend in die Arme seiner Mutter zu stürzen, um Trost zu suchen. Eher raffte er sich wieder auf, wischte sich die Tränen aus den Augen und den Sand aus dem Mund und spielte weiter ... Kurz, Mrs. Pontellier war keine Mutter-Frau. Der mütterliche Frauentyp schien diesen Sommer auf Grand Isle vorzuherrschen. Es war leicht, diese Frauen zu erkennen, wie sie umherflatterten mit ausgebreiteten, schützenden Flügeln, wenn irgendeine Gefahr, wirklich oder eingebildet, ihre kostbare Brut bedrohte. Sie waren Frauen, die ihre Kinder vergötterten, ihre Ehemänner anbeteten und es als heiliges Recht ansahen, sich als Individuen auszulöschen und wie sorgende Engel Flügel anzusetzen».* Am Ende gibt es keinen Zweifel über die Gefühle mehr: *«Erst jetzt verstand sie die volle Bedeutung dessen, was sie vor langer Zeit gemeint hatte, als sie ... sagte, daß sie das Unwesentliche aufgeben,*

sich jedoch nie für ihre Kinder opfern würde ... Die Kinder erschie-
nen ihr als Feinde, die sie überwältigt hatten, die sich ihrer bemäch-
tigt hatten und ihre Seele bis ans Ende ihrer Tage zu versklaven
trachteten. Doch sie wußte einen Weg, ihnen zu entkommen».[50]

Ednas Weg ist die letzte Form des Auswegs: der Selbstmord. Und
selbst darin noch spiegelt sich die damalige Zeit. Denn es mag gerade noch möglich sein, eine Romanfigur zu zeichnen, die sich
innerlich immer weiter entfernt von Mutterschaft in der vorherrschenden Form. Aber eine Frau, die auch den nächsten Schritt
tut, nämlich offen sich auflehnt, Forderungen stellt, sich aktiv verändert, also ihr Leben selbst in die Hand nimmt, damit sie mehr
Freiraum gewinnt? Das wäre unwahrscheinlich und unglaubwür-
dig. Oder es müßte eine andere Frau sein, eine radikale Außenseiterin, aber nicht eine Gestalt wie Edna, eine Frau aus dem gehobenen
Bürgertum, immer beschützt und behütet. In ihr ist zwar schon die
Kluft unüberbrückbar geworden zu dem, was die Gesellschaft verlangt, zu Mutterschaft in der vorgeschriebenen Form. Aber gleichzeitig wagt sie noch nicht, gegen jenes andere und oberste Gebot zu
verstoßen, das Frauen keine Rebellion gegen die Regeln erlaubt. Ihr
Selbstmord spiegelt genau dies Zwischenstadium wider: daß sie so
nicht mehr leben will, aber anders sich nicht zu helfen weiß. Er ist
beides zugleich, Passivität und Widerstand.

Aber das Ausmaß von Ednas Bitterkeit und erst recht ihr ver-
zweifelter Tod sind gewiß nicht typisch für «die» Frauen der Zeit.
Die sozialgeschichtliche Bedeutung des Buches liegt deshalb sicher
nicht darin, daß die Geschichte, die es erzählt, in einem einfachen
Sinn repräsentativ ist. Aufschlußreich ist da eher die Geschichte
des Buches selbst, seine Aufnahme in der Öffentlichkeit.[51] Wegen
«sittenverderbender Passagen» wurde der Roman von der Kritik
verdammt. *Kate Chopins* Bücher wurden aus den Bibliotheken ver-
bannt, sie selbst aus dem Künstlerverband ihrer Heimatstadt ausgeschlossen. Ein Dreivierteljahrhundert lang fehlte ihr Name in allen
Literaturgeschichten. Warum dieser Sturm der Entrüstung? Wurde
hier vielleicht ein Empfinden beschrieben, das den Zeitgenossen
unerträglich war, gerade weil sie darin einen Wahrheitsgehalt ahn-
ten? Wird im Roman exemplarisch verdichtet, und damit grell ins

Bewußtsein gerückt, was in der Wirklichkeit sich erst anzudeuten beginnt? So gesehen liegt die Bedeutung des Romans gerade darin, daß er ein Extrembeispiel gibt. Denn dadurch regt er zu Fragen an – vor allem zu unbequemen. Wie viele Frauen mag es gegeben haben, die ähnliche Empfindungen manchmal aufkommen spürten, nur gleich wieder zudeckten, ängstlich vor sich und den anderen? Hat es auch damals nicht allen Frauen genügt, immer nur «Mutter-Frauen» zu sein? Kurz, sollte das so verbreitete, uns auch lieb gewordene Bild vom «trauten Mutterglück» nicht die ganze Wahrheit sein?

Eine mögliche Antwort wäre, daß die bisher genannten Beispiele – die bei *Degler* zitierten Tagebücher und Briefe, die Aufzeichnungen der *Sofja Tolstoja*, der Roman *Kate Chopins* – nur einzelne Ausnahmen sind, weit entfernt von der Mehrheit der Frauen. Aber dagegen spricht, daß es quantitative Belege gibt, die in eine ähnliche Richtung weisen. Hierher gehört vor allem der deutliche Rückgang der Geburtenzahlen, der in den USA bereits in der ersten Hälfte des 19. Jahrhunderts einsetzt. Die durchschnittliche Kinderzahl einer weißen Frau verringerte sich dort von 7,4 im Jahr 1800 auf 6,14 im Jahr 1840, auf 4,24 im Jahr 1880 und schließlich auf 3,56 im Jahr 1900.[52] Dieser Geburtenrückgang hängt nach *Deglers* Darstellung mit dem Einstellungswandel unter Frauen zusammen. Es ist dies ein Wandel, der von vielen Vertretern der Tradition aufs heftigste attackiert wird, der in Politik und Öffentlichkeit in unzähligen Variationen als drohende Gefahr für die Nation dargestellt wird – aber in den liberalen Kreisen Amerikas allmählich auch akzeptiert wird. Dazu *Degler*: «Es gibt ziemlich sichere Belege dafür, daß das direkte Interesse der Frau an Begrenzung der Kinderzahl spätestens um die Mitte des 19. Jahrhunderts von vielen Vertretern beider Geschlechter anerkannt wurde». Und er lenkt den Blick auf folgenden Zusammenhang: «Nicht wenige der Autoren, die die Geburtenbeschränkung verteidigten, verwiesen auch auf die Vorteile, die daraus für Frauen erwüchsen».[53]

Unter den Autoren, die *Degler* zitiert, ist *Robert Dale Owen*, der bereits 1847 die Position vertrat: «*kein Mann solle auch nur den Wunsch hegen, daß eine Frau die Mutter seiner Kinder würde, wenn dies nicht ihr ausdrücklicher Wunsch ist und wenn er nicht weiß, daß dies ihrem Wohlergehen zuträglich ist. Ihre Gefühle und Interessen sollten ihm in dieser Angelegenheit unverbrüchliches Gesetz sein».*

Dann *Frederick Hollick*, der mehrere populärwissenschaftliche Gesundheitsratgeber schrieb, darunter den 1850 veröffentlichten «Eheleitfaden», in dem er die Bedeutung der Geburtenkontrolle für die Gesundheit der Frau betonte. Er argumentierte, diese sei sicher besser als eine Abtreibung, zu der viele Frauen getrieben würden in dem verzweifelten Wunsch, kein weiteres Kind zu bekommen. *«Manche Frauen»*, so schrieb er, *«sagten sogar, sie würden lieber sterben als noch mehr Kinder zu haben».* In solchen Fällen *«gäbe es deshalb nur die Wahl zwischen zwei Möglichkeiten, Abtreibung oder Verhütung, und ich bin davon überzeugt, daß Tausende ebenso denken».*[54]

Wie vehement das Interesse der Frauen an Geburtenbeschränkung ist, wird daran deutlich, daß um die Mitte des 19. Jahrhunderts die Zahl der Abtreibungen steigt; und zwar in allen Schichten, und vor allem auch bei den verheirateten Frauen.[55] *Degler* sieht diese Entwicklung als klares Indiz, wie Frauen sich nicht mehr nur als Teil der Familie betrachten, sondern als «Individuen innerhalb der Familie»: «Indem die Abtreibung neue Akzeptierung findet, gehört ihr Körper ganz ihnen selbst, steht weder in der Verfügungsmacht der ungeborenen Kinder noch in der der Ehemänner».[56]

«Der Anstieg der Abtreibungen im 19. Jahrhundert war, mehr noch als die wachsende Verbreitung von Verhütung, ein drastischer Hinweis darauf, daß Frauen sich zunehmend ihrer Interessen bewußt wurden. Denn im Gegensatz zu den meisten Verhütungsmitteln ist die Abtreibung nicht angewiesen auf die Zustimmung oder Kooperation des Mannes. Beansprucht wird damit vor allem das völlige Verfügungsrecht der Frau über ihren Körper. Darin drückt sich in äußerster Form der Anspruch auf Individualisierung aus, weil den Anrechten der Frau höhere Geltung zugesprochen wird als denen des Mannes».[57]

Die Zunahme der Abtreibungen: Das wäre dann der gewissermaßen private Protest gegen eine Gesellschaft, die Leitwerte von Autonomie und Selbstbestimmung verkündet, aber den Frauen vielfach verwehrt. Aber noch kommt der Anspruch von Frauen, sich von diesen Werten nicht weiter ausgrenzen zu lassen, in breiten Kreisen einer Auflehnung gleich. So entsteht, gewissermaßen als Ventil, eine Doppelmoral, charakterisierbar als «Jahrhundert des Schweigens»:[58] Abtreibung wird zum Verhalten vieler einzelner Frauen – und gleichzeitig öffentlich geächtet, ja sogar durch neue Gesetze verboten.

«... man kann sagen, daß das 19. Jahrhundert Abtreibung allein schon deshalb nicht vergeben konnte, weil darin der Anspruch der Frau auf völliges Selbstbestimmungsrecht über ihren Körper zum Ausdruck kam, auf Kosten des Kindes wie des Mannes. Selbst Feministinnen, die für die Individualisierung der Frau und ihre Eigeninteressen eintraten, gingen dabei noch nicht so weit, Abtreibung zu billigen – jedenfalls nicht in der Öffentlichkeit. Privat nahmen viele Frauen diese Autonomie einfach in Anspruch, indem sie Abtreibungen hatten, auch wenn dies verboten war. Aber dies war eindeutig ein letzter Ausweg, kein offen beanspruchtes Recht».[59]

Interessant ist schließlich auch, daß einige Statistiken Zusammenhänge zwischen Bildungsniveau und Kinderzahl erkennen lassen.[60] Danach sind es vor allem die gebildeten Frauen, die Geburtenkontrolle betreiben. Ein ähnlicher Zusammenhang zeigt sich daran, daß der Geburtenrückgang zuerst in den USA beginnt, wo die Aufklärungsideale der Frau als «Person und Bürgerin» viel früher als in Europa spürbar werden. Beides sind Hinweise darauf, daß Bildung aus dem Horizont des Familiendaseins herauslöst und eigene Perspektiven und Lebenspläne der Frau fördert. In den Worten einer einschlägigen Untersuchung: «Bildung ist möglicherweise ein indirekter Indikator für das Ausmaß, in dem eine Frau ihr Leben nach ihren eigenen Bedürfnissen und nicht nach denen anderer gestaltet».[61]

4. Der Einfluß der neuen Erziehungsnormen

Während derart im Leben von Frauen deutliche Veränderungen einsetzen, beginnt im selben Zeitraum auch ein Wandel in der soziokulturellen Definition des Kindes und dessen, was es zu seinem Gedeihen braucht. Und auch diese Entwicklung trägt zur Motivation bei, die Kinderzahl zu begrenzen. Denn je wichtiger und wertvoller das Kind ist, desto mehr Aufmerksamkeit und Aufwand werden verlangt und desto weniger Kinder kann man angemessen versorgen. Auf eine Formel gebracht: Geburtenkontrolle auch aus Liebe zum Kind.

So schreibt der Sozialhistoriker *Philippe Aries: «Je kleiner die Zahl der Kinder, desto mehr Zeit und Aufmerksamkeit kann man jedem zukommen lassen. Die Eltern begannen, ihre Familie als eine kleine Elite zu sehen, deren Mitglieder mittels Geburtenkontrolle ausgewählt wurden».*[62]

Und ähnlich der Historiker *Lawrence Stone:* Eine *«Voraussetzung für die Ausbreitung der Empfängnisverhütung ist, so paradox es auch scheint, die Entwicklung einer stärker auf das Kind bezogenen Gesellschaft. Empfängnisverhütung wird eher dann praktiziert, wenn Kinder als wertvolle Individuen mit eigenen Rechten betrachtet werden. Solange die Eltern sich kaum Gedanken machen müssen um die Zukunft ihrer ... Söhne und Töchter, solange ist es nicht so wichtig, wie viele man hat. Aber sobald man größere Anstrengungen aufbringen muß für Ernährung, Lebensunterhalt, Erziehung und schließlich Einführung in die Welt, werden Kinder zu Konkurrenten um begrenzte Ressourcen, und jede Zunahme der Zahl reduziert die Qualität der möglichen Aufwendungen pro einzelnem Kind».*[63]

Dieser Zusammenhang wird zuerst im Bürgertum sichtbar, wo sich die Entdeckung des Kindes, wie oben beschrieben, in eine Professionalisierung von Mutterschaft umsetzt. Und diese Professionalisierung schafft nun, ähnlich wie in anderen Berufsfeldern auch, neue Maßstäbe und Standards, eine eigene professionelle Ethik.

So trägt «Mutterschaft als Beruf» nicht dazu bei, möglichst viele Kinder zu haben, sondern fördert umgekehrt eher den Wunsch, die Kinderzahl zu begrenzen, um die hochgesteckten Anforderungen besser erfüllen zu können. Oder kurz gesagt: mehr Verantwortung, also weniger Kinder. «Quantität» und «Qualität» geraten in Konkurrenz zueinander.

So z.B. *Elizabeth Cady Stanton,* eine Vertreterin der Bewegung für «Freiwillige Mutterschaft», bei einer Rede, die sie 1870 in New York hielt: *«Heute wird viel gesagt ... über die kleinen Familien in Amerika».* Aber *«wenn die Menschen erst einmal zu überlegen beginnen, welch schwerwiegende Konsequenzen es hat, Kinder ohne richtige Erziehung aufwachsen zu lassen, dann wird es bald noch weniger geben».* Denn das Gebären ist ein bloß animalischer Akt, *«aber wenn eine Mutter der Welt einen einzigen edlen, gesunden und glücklichen Menschen geben kann, einen fortwährenden Segen für Kirche und Staat, dann wird sie der Menschheit einen besseren Dienst erweisen, als wenn sie bloß zahlenmäßig zu ihrer Vergrößerung beiträgt, aber dabei kaum auf Qualität achtet».*[64]

Und auch bei *Ellen Key,* die das 20. Jahrhundert zum «Jahrhundert des Kindes» erklärt, deutet sich indirekt an, daß dies nicht mehr das Zeitalter der großen, kinderreichen Familie sein kann: Es gibt *«keine Wissenschaft ..., keine künstlerische Produktion, die solche Forderungen an eine Frau stellt, so absorbierend ist, wie die wirkliche Erziehung eines einzigen Kindes. Sollen Körper und Seele des Kindes, sein Gefühl und sein Geist, die volle Entwicklung erhalten, deren sie fähig sind, so reicht oft die ganze Seele, das ganze Herz einer Mutter nicht aus für die Aufgabe».*[65]

Anders dagegen verläuft die Entwicklung in den Unterschichten. Den Arbeiterfrauen hilft die Kindererziehung nicht, ihre Position abzusichern, und mit Arbeit sind sie ohnehin überlastet. Deshalb werden die neuen Erziehungsstandards hier nicht freiwillig angenommen, sondern werden quasi «von oben» durchgesetzt, im Zuge einer massiven Aufklärungskampagne.[66] Diese beginnt in der zweiten Hälfte des 19. Jahrhunderts, wird von Frauen des Bürgertums gemeinsam mit Ärzten, Unternehmern, Kirchen und Kommunalverwaltungen getragen und richtet sich vorrangig an die städtischen Arbeiterfrauen und -töchter. Um der hohen Säuglingssterblichkeit zu begegnen, wird ein «Prozeß der hygienischen Zivilisierung der Arbeiterfamilie»[67] eingeleitet, von allgemeiner Gesundheitsaufklärung über Ernährungsregeln bis zur Propagierung des Stillens. Wo diese Kampagne erfolgreich verläuft, erhöhen sich die Überlebenschancen der Kinder – aber es wächst auch die Arbeitsbelastung der Frau.

«Mit Hilfe der Säuglingsfürsorgestellen sollten... die Frauen der städtischen Unterschichten zu einem ‹rationellen› Umgang mit ihren neugeborenen Kindern erzogen und zu gesundheitsbewußten Müttern herangebildet werden. Im individuellen Gespräch mit dem Arzt, der die Stellen leitete, lernten sie, daß und wie sie ihre Säuglinge stillen mußten. ‹In zwangloser Unterhaltung› machte sie der Arzt mit den Standards einer hygienischen Säuglingspflege bekannt und prägte ihnen die neuen Regeln ein... Solche Vorschriften klangen den Frauen, die die Mütterberatungsstellen aufsuchten und eine Stillprämie erwarteten, sehr fremd in den Ohren. Sie stellten hohe Ansprüche an die Arbeitskraft und -bereitschaft der jungen Mütter, sofern diese ihre neuen Pflichten auch nur annähernd präzise erfüllen wollten. Schließlich bedurfte es starker Nerven und großer Geduld, einem schreienden Kind nicht sofort die Brust zu geben, sondern zu warten, bis die vom Arzt festgesetzte Stillzeit gekommen war. Auch das strikte Verbot, den Säugling nachts an der Brust zu behalten, um auf diese Weise wenigstens ein wenig Nachtruhe genießen zu können, bedeutete eine zusätzliche Belastung der Frauen, ganz zu schweigen von den aufwendigen Hygiene- und Reinlichkeitsmaßnahmen, die im Interesse des Säuglings von ihnen verlangt wurden».[68]

Das Ergebnis ist schließlich ein doppeltes: Die Säuglingssterblichkeit sinkt – und die Geburtenhäufigkeit auch. Da die Kinderversorgung nun aufwendiger wird und da infolge dieses Aufwandes nun mehr Kinder überleben, also auch mehr versorgt werden müssen, entsteht ein Bedarf an Geburtenkontrolle. So setzt hier, wenn auch zu einem späteren Zeitpunkt, eine ähnliche Entwicklung ein wie in den mittleren und oberen Schichten.[69]

V. Die 1950er und 1960er Jahre: Traditionelle Leitbilder und Vorzeichen der Wende

Zwischen der zweiten Hälfte des 19. und der zweiten Hälfte des 20. Jahrhunderts finden zahlreiche Umbrüche, Wechsel und Einschnitte statt, die das politische und gesellschaftliche System grundlegend verändern. In vielerlei Formen – teils direkt, teils indirekt – greifen diese Umwälzungen auch in die Konturen des Frauenlebens ein. Doch hier interessiert nicht die ganze Kette dieser Veränderungen, sondern die Grundlinie des Wandels. Auf das Ergebnis zusammengefaßt: Im ausgehenden 20. Jahrhundert werden die Risse im einst so engen Verhältnis von Frau und Familie zunehmend größer. Der Anspruch und Zwang zum «eigenen Leben» wird für immer mehr Frauen unmittelbar spürbar.

1. Das «Goldene Zeitalter» von Ehe und Familie

Die 1950er und 1960er Jahre gelten in der Familienforschung als das «Golden Age of Marriage», als die Hochphase von Ehe und Familie. Von Frankreich bis Großbritannien, von Italien bis USA, in den westlichen Industriegesellschaften wurde das Hohelied der Familie gesungen; in der Bundesrepublik wurde die Familie sogar im Grundgesetz verankert und unter den besonderen Schutz des Staates gestellt (Art. 6 Grundgesetz). Nach den Zerstörungen, die der Zweite Weltkrieg hinterlassen hatte, folgten nun die Jahre des gesellschaftlichen wie des privaten Wiederaufbaus: die Zahl der Eheschließungen stieg und ebenso die der Geburten. Es war selbstverständlicher Teil der sogenannten «Normalbiographie», daß man früh heiratete und früh Kinder bekam, in Stichworten zusammengefaßt: «Love – marriage – baby carriage». Also zunächst Begegnung der Herzen; dann

der standesamtlich und möglichst auch kirchlich besiegelte Bund;
und bald darauf – als Krönung der gemeinsamen Liebe – Geburt
der Kinder.

Auch für den Binnenraum des Geschlechterverhältnisses gab es
klar umrissene Leitbilder, aufbauend auf festen Vorstellungen von
«männlichen» versus «weiblichen» Fähigkeiten und Aufgaben – damit im Kern, auch wenn äußerlich etwas modernisiert, den Denk-
traditionen des 19. Jahrhunderts verhaftet. Man nehme das Gleich-
berechtigungsgesetz vom 18.6.1957: Zwar war es ein historischer
Fortschritt und als solcher bemerkenswert, daß der Gesetzge-
ber damit die Gleichberechtigung der Geschlechter als Norm an-
erkannte. Aber auf der anderen Seite ist aus heutiger Sicht auch
auffallend, was unter dem Begriff der Gleichberechtigung damals
verstanden wurde. Im Einleitungstext zu diesem Gesetz heißt es
nämlich: «Es gehört zu den Funktionen des Mannes, daß er grundsätzlich der Erhalter und Ernährer der Familie ist, während es die
Frau als ihre vornehmste Aufgabe ansehen muß, das Herz der
Familie zu sein.»

Wie verbreitet solche Leitbilder waren, zeigt anschaulich eine
empirische Untersuchung aus dem Jahr 1959. Damals führte der
Soziologe *Norbert Schmidt-Relenberg* eine Befragung unter Abiturientinnen durch, mit der er herausfinden wollte, wie die Befragten sich ihre persönliche Zukunft in bezug auf Beruf und Familie vorstellten.[1] Die Ergebnisse dokumentieren eindringlich die
Macht der damaligen Weiblichkeits-Erwartungen und Normen:
In den Zukunftsplänen der jungen Frauen hat die Familie eindeutig
Vorrang. Zwar geben etwas mehr als die Hälfte der befragten jungen Frauen an, daß sie ein Studium aufnehmen wollen. Aber schon
auf die Frage «Möchten Sie als verheiratete Frau berufstätig sein?»
antworten 56 % der Befragten mit Nein. Noch deutlicher kommt
die Dominanz der Familie zum Ausdruck, als die Frage gestellt
wird: «Möchten Sie als Mutter von Kindern noch berufstätig sein?»
Hierauf antwortet nicht eine der Befragten mit einem unein-
geschränkten Ja, aber 93 % mit einem bedingungslosen Nein.
Der Autor faßt die Ergebnisse seiner Studie folgendermaßen
zusammen:

«*Grundsätzlich und in erster Linie wird Ehe und Familie angestrebt oder doch in Betracht gezogen, ‹für alle Fälle› jedoch wird eine … Berufstätigkeit ins Auge gefaßt … Das Leitbild vom Beruf wird vom Leitbild der Familie überschattet. Die Familie wird als der für die Frau zentrale Lebenswert schlechthin herausgestellt; alle anderen Ziele und Werte … stehen dahinter zurück … Die Berufstätigkeit der verheirateten Frau oder gar der Mutter wird ausschließlich unter dem Aspekt der Familie gesehen; sie kann höchstens dazu dienen, im Notfalle die Familie materiell zu stützen und erhalten*».[2]

Wenn schon junge Frauen mit qualifizierter Ausbildung die Familie derart als vorrangig ansahen, so waren solche Einstellungen unter den Gleichaltrigen mit geringerer Ausbildung wohl noch erheblich weiter verbreitet. «Aus Kindern werden Leute, aus Mädchen werden Bräute»: das war der vorgezeichnete Lebensweg jener Jahre.

2. Veränderungen im Leben der Frau

Während derart die Familie mit klar abgesteckten Geschlechtsrollen eine Hochphase erlebte, kündigten sich gleichzeitig, also in den 1950er und 1960er Jahren, schon die Vorzeichen eines tiefgreifenden Wandels an. Auf verschiedenen Ebenen setzten Entwicklungen ein – zunächst untergründig und leise, dann schnell an Bedeutung gewinnend –, die bald darauf das Ende des «Goldenen Zeitalters» einleiten sollten. Zu den Ereignissen, die in diesem Zusammenhang wichtige Wendepunkte markieren, gehören zum einen die Bildungsreform; dann das Aufkommen der neuen Frauenbewegung; und schließlich die Zunahme der Frauenerwerbstätigkeit.

Zunächst zur *Bildungsreform:* Nachdem das beginnende 20. Jahrhundert eine zaghafte Ausweitung der Bildungschancen für Mädchen und Frauen gebracht hatte, wurde diese Entwicklung mit dem Aufstieg der NS-Machthaber sogleich wieder beendet. Aber auch in den Jahren nach dem Zweiten Weltkrieg verbesserte sich die Bildungssituation für Mädchen zunächst nur wenig. Auf den weiterführenden Schulen waren sie deutlich unterrepräsentiert,[3] und das

Klima an der Universität war überwiegend frauenfeindlich, von Vorbehalten und Vorurteilen geprägt.[4]

Die große Wende setzte mit der Bildungsexpansion der 1960er Jahre ein, nicht zuletzt durch Impulse des Religionsphilosophen *Georg Picht*, dessen Buch «Die deutsche Bildungskatastrophe» 1964 erschien.[5] *Picht* verglich die Bundesrepublik mit den schul- und bildungspolitischen Entwicklungen anderer Industrieländer und plädierte von daher vehement für einen Ausbau der weiterführenden Schulen und Hochschulen. Ansonsten – so seine alarmierende Botschaft, die in Politik wie Öffentlichkeit breite Resonanz fand – werde Deutschland unfähig, die Bildungsanforderungen der Zukunft zu meistern, und deshalb auch unfähig, sich im wirtschaftlichen Wettbewerb der Länder zu behaupten. In diesem Zusammenhang lenkte *Picht* die Aufmerksamkeit auch auf die sozialen Barrieren der Bildungsteilhabe, so die Benachteiligung von Mädchen und von Kindern der Unterschicht, nach seiner Diagnose auch Anlaß zu dringendem Handeln. Und tatsächlich wurde sein Appell zum Anstoß für politische Anstrengungen und Maßnahmen. Die Bildungsbenachteiligung der Mädchen, lange Zeit selbstverständlich, wurde nun als soziales Problem erkannt.[6] Mädchen wurden zu einer der bevorzugten Zielgruppen der neuen Bildungsmaßnahmen.[7] Und die Erfolge blieben nicht aus: Die Zahl derer, die keine Ausbildung erhielten, sank deutlich. Gleichzeitig stieg schnell und in einem alle Erwartungen übertreffenden Ausmaß der Anteil der Mädchen bzw. Frauen auf weiterführenden Schulen bzw. Hochschulen.[8] Schon einige Jahre später konnten Sozialwissenschaftler feststellen, das Ausmaß des Wandels komme einer «stillen Revolution» gleich.[9]

Eine Revolution: welch großes Wort. Und doch trifft es die Entwicklung genau, die hier in Gang gesetzt wurde. Was die Bildungsexpansion brachte, war nämlich weit mehr als nur einen Zuwachs an Bildungszertifikaten, es war auch ein Mehr in anderer Hinsicht: ein Zuwachs an Handlungsmöglichkeiten in biographischer, sozialer, politischer Hinsicht.[10] Mit der Erweiterung des Horizontes gewann der Lebensweg von Frauen neue Bezugspunkte. Er wurde für Fragen, Perspektiven, Ziele geöffnet, die nicht mehr bloß auf den Binnenraum der Familie beschränkt waren, sondern darüber hinausreichten und – zumindest ein Stück weit, zumindest der Möglichkeit nach – auch auf Teilhabe im öffentlichen und gesellschaftlichen Raum angelegt waren.

Was heißt das konkret? Indem Mädchen nun länger die Schule besuchen und indem sie vor allem freikommen aus dem Getto sogenannter «weiblicher» Bildungsinhalte, ist das Lehrangebot nicht mehr vorwiegend auf die Erziehung zur Gattin und Mutter zugeschnitten, sondern bricht den Radius der Familie auf und führt in andere Erfahrungsbereiche, Denkformen, Traditionen hinein. Auch sind die neuen, «höheren» Bildungsinhalte nicht auf bloßes Nachvollziehen angelegt, sondern erlauben und fordern ein eher aktives als passives Lernen. Und schließlich ist damit auch eine Einübung in Denk- und Sprachformen verbunden, die Abstraktion und Reflexion zulassen. Das alles zusammengenommen bedeutet, die Bildungsexpansion öffnet den Zugang zu Bildungsinhalten, die aktive Auseinandersetzung mit der eigenen Lage ermöglichen und Selbständigkeit herausfordern.

Dieser Effekt wird auch in anderer Hinsicht verstärkt, weil das, was in der Schule gelernt wird, weit mehr ist als nur die Summe der offiziellen Bildungsinhalte, also das Repertoire von Grammatik bis Mathematik bis Geographie. Zur Schule gehört, das haben viele Studien gezeigt, vielmehr stets auch eine Art «heimlicher Lehrplan», dessen Lektionen Persönlichkeitsformung und Sozialcharakter umfassen. Und genau in diesem Bereich findet nun eine Art Kehrtwende statt: Waren Mädchen früher abgestellt in ein Sonderreservat «weiblicher» Ausbildungsgänge, wo vor allem Gefälligkeit, Gehorsam und Unterordnung gefragt waren, so erfahren sie jetzt ganz andere Erwartungen. Mit der Einbeziehung in die höheren Bildungsgänge werden sie auch eingebunden in den Wettbewerb um Noten und Zertifikate, in Leistungsdruck und frühe Konkurrenzsituation. Nun wird die Schule ein Ort, wo man lernen muß, sich durchzusetzen, zu behaupten, nach vorn zu schieben, gegebenenfalls unter Einsatz verschiedener Tricks und Manöver. Mit anderen Worten: Die Schule wird zum Einübungsort für die Anforderungen und Zwänge des «eigenen Lebens».

Indem derart sowohl im offiziellen wie im heimlichen Lehrplan eine Kehrtwende stattfindet, bringt die Verbesserung der Bildungschancen auch einen Zuwachs an Wissen und damit an Macht auf den zahlreichen Kampfschauplätzen des Alltags. Wer über Informationen, Selbstbewußtsein, Sprachfähigkeiten verfügt, kann sich wehren gegen Regelverletzungen anderer und aktiv die eigenen Interessen durchsetzen, ob gegenüber Arbeitgeber, Chef oder Vermieter. Und ebenso in der privaten Zweierbeziehung: Die Angleichung der Bildungschancen heißt auch Abbau des Bildungsvorsprungs, der dem Mann Überlegenheit garantierte und die Unterlegenheit der Frau zementierte («Davon verstehst du nichts»). Sofern sie eine qualifizierte Ausbildung hat, ist die Frau auch nicht mehr auf die Ehe als schnellstmögliches Lebensziel angewiesen, sondern hat andere Optionen. Sie kann nun, mit weit besseren Chancen als früher, eine Tätigkeit suchen, die inhaltlich befriedigend ist und den eigenen Lebensunterhalt finanziell sichert.

Dann zur *neuen Frauenbewegung:* Während die Vorstellungen von «richtiger Familie» und vom Verhältnis «Frau und Familie» äußerlich noch festgefügt schienen, zeigten sich um die Mitte der 1960er Jahre untergründig schon erste Risse. Auch hier wieder war es ein Buch, von dem entscheidende Anstöße kamen: «Der Weiblichkeitswahn» von *Betty Friedan,* im Jahr 1963 erschienen, stieg innerhalb kurzer Zeit auf zur feministischen Bibel und erreichte Massenauflagen.[11] Das Buch schildert Frauen der Mittelschicht, die eine gute Ausbildung erhielten, einige Jahre berufstätig waren, in dieser Zeit manche Gewohnheiten und Erwartungen eines selbständigen Lebens entwickelten; und die sich dann im gepflegten Suburbia finden, festgelegt auf ein Dasein für Mann und Kind, Haus und Heim. Viele dieser Frauen, so beschreibt es *Friedan,* haben ein Gefühl, daß sie sich selbst verlieren, daß ihr Eigen- und Innenleben sich auflöst. Was zurückbleibt, ist ein diffuses Gefühl der Leere – das «Problem ohne Namen», wie *Friedan* es nennt. In Interview-Äußerungen wird es anschaulich sichtbar:

«Ich fühle mich irgendwie leer... unvollständig... Ich habe das Gefühl, daß ich gar nicht existiere.»
«Das Problem ist, daß ich immer die Mami der Kinder bin oder die Frau des Pfarrers und niemals ich selbst.»

«Ich will noch etwas anderes als meinen Mann, meine Kinder, mein Heim.»[12]

Die Frau, die vom Dasein für andere nicht ausgefüllt wird und dennoch darin gefangen ist: Das ist der Konflikt, den *Friedan* auf den Nenner bringt. Die Lösung, so sagt *Friedan*, kann nur darin liegen, daß Frauen selbständige Lebensperspektiven entwickeln. Darin bekommt vor allem die Ehe einen anderen Stellenwert zugewiesen, sie darf nicht mehr das oberste Lebensziel sein. Vielmehr müssen Frauen ihre eigenen Fähigkeiten entwickeln und einsetzen: «Der einzige Weg, um zu sich selbst zu finden und die eigene Person zu erkennen, ist für die Frau, genau wie für den Mann, die eigene schöpferische Arbeit».[13]

Es ist offensichtlich, daß diese Vorstellung eines «neuen Lebensplans» auf Frauen der Mittelschicht zugeschnitten ist. Dennoch wird der Anspruch richtungweisend, der das durchgängige Thema des Buches bildet. Auf den Grundgedanken zusammengefaßt: Frauen wollen nicht mehr nur ein Anhängsel im Dasein für andere sein. Sie wollen *selbst* jemand sein, *selbst* etwas tun.

Dieser Anspruch, den die neue Frauenbewegung aufgreift und provokativ formuliert, dringt in den 1970er und 1980er Jahren in breitere gesellschaftliche Bereiche vor. Er wird aufgenommen und verstärkt durch die Entwicklungen im Bildungssystem und in der Berufswelt. In mancherlei Übersetzungen, manch eigentümlichen Brechungen taucht er auf in Büchern und Zeitschriften, in Film, Fernsehen und Werbung. Die Auseinandersetzungen um die Rolle der Frau und das Verhältnis von Frau und Familie, die sich daran entzünden, erreichen Gewerkschaften und Parteien, Verbände und Kirchen. Während traditionelle Vorstellungen weiterbestehen, ja von manchen Gruppen jetzt um so nachdrücklicher verteidigt werden, wird gleichzeitig und daneben nun ein neues Familienleitbild sichtbar. Sein Motto lautet: weg von der strikten Trennung nach Geschlecht, hin zu einer flexiblen Arbeitsteilung und zu mehr Partnerschaft zwischen Mann und Frau.

Schließlich zur *Frauenerwerbstätigkeit:* Während das vorherrschende Leitbild der 1950er und frühen 1960er Jahre die Frau ganz auf die Familie verwies, aufs Dasein für Mann und Kinder, begann sich schon das tatsächliche Verhalten der Frauen zu ändern, wenn auch in leisen, allmählichen Schritten. Zunächst einmal kam es – in Deutschland wie in anderen Industrieländern – zu einer deutlichen Zunahme der Erwerbstätigkeit verheirateter Frauen:[14] Immer mehr Frauen blieben nicht mehr nur bis zur Heirat, sondern bis zur Geburt des ersten Kindes berufstätig, und einige kehrten ins Berufsleben zurück, als die Kinder groß geworden waren. Zum ersten Mal erschien, wenn auch noch in der Ferne, das Leitbild einer «Doppelrolle der Frau», verbunden mit dem Programm eines «Drei-Phasen-Modells». Dieser Entwurf, von *Alva Myrdal* und *Viola Klein* 1956 vorgestellt,[15] entwickelte sich in der Diskussion der folgenden Jahre zu einem zentralen Bezugspunkt: der Lebensweg der Frau aufgeteilt in Berufstätigkeit bis zum ersten Kind, dann eine 10 bis 15 Jahre dauernde Familienphase, danach Wiederaufnahme der Berufstätigkeit.

Was damals noch wie ein programmatischer Entwurf zum Umdenken der Frauenrolle erschien, wurde einige Jahre später von der Realität eingeholt, nicht selten auch überholt. Denn in einer zweiten Stufe kam es – wiederum in Deutschland wie in anderen Industrieländern – zu einem Anstieg auch der Müttererwerbstätigkeit.[16] So verschoben sich im Verlauf von zwei, drei Jahrzehnten die Prioritäten, die Berufstätigkeit wurde für immer mehr Frauen weit mehr als nur eine Zwischenphase. Schon Anfang der 1980er Jahre schrieb die Soziologin *Angelika Willms:* «Nicht erwerbstätig zu sein wird für Frauen zur Ausnahmesituation, immer deutlicher begrenzt auf die Phase der Erziehung kleiner Kinder».[17]

Auch dieser Wandel kam einer stillen Revolution gleich, weil die Zunahme der Erwerbstätigkeit, ähnlich wie die Ausweitung der Bildungschancen, einen weitreichenden biographischen Wandel in Gang setzte. Grob auf die Hauptlinien zusammengefaßt: Mit der größeren Selbstverständlichkeit, die die Berufsarbeit im weiblichen Lebenszusammenhang gewann, veränderte sich allmählich auch ihre Bedeutung. In dem Maß, wie sie nicht mehr nur Absicherung für den Notfall war, sondern für immer mehr Jahre ein wesentlicher

Bestandteil des Lebens, gewannen arbeitsinhaltliche Motive stärkeres Gewicht. Während früher viele Frauen arbeiten mußten, um überhaupt leben zu können, ging es nun zunehmend auch darum, in die Arbeit eigene Interessen und Fähigkeiten einbringen zu können.

Gleichzeitig bringt Berufsarbeit auch Geld – eigenes Geld, das eigene Wünsche und Pläne erlaubt, eine Eintrittskarte zur «Welt draußen» darstellt. Geld ist auch ein Beleg für die Wichtigkeit des eigenen Tuns: Anders als die Arbeit in der Familie bringt die Berufsarbeit ein handfest-materielles Ergebnis, das auf dem Kontostand monatlich ablesbar wird. So demonstriert das selbstverdiente Geld auf ganz unmittelbar praktische Weise den Wert der eigenen Arbeit und Leistung, gibt Bestätigung und Anerkennung nach den vorherrschenden Maßstäben. Erst recht verleiht Geld im direkten sozialen Umfeld ein Stück Durchsetzungsvermögen und Macht. «Wer anschafft, bestimmt»: Frauen, die mit ihrem Verdienst wesentlich beitragen zum Familieneinkommen, können auch eher mitreden und eigene Wünsche anmelden, von der Wahl des Urlaubsziels bis zur Farbe der Wohnzimmersessel. Sie haben insgesamt eine stärkere Position in familialen Entscheidungsprozessen; gewinnen ein Stück Unabhängigkeit aus dem Bewußtsein, ebenfalls Ernährerin der Familie zu sein; können mehr Rücksichtnahme und Mithilfe von den anderen erwarten, weil diese vom finanziellen Ertrag ihrer Berufsarbeit mit profitieren.

Darüber hinaus können Frauen in der Berufswelt auch neue Formen von Selbstbestätigung und Selbstbewußtsein erfahren – und dies nicht nur bei besonders qualifizierter Arbeit, sondern auch in den mittleren und unteren Positionen: Wichtig ist hier das Gefühl der eigenen Leistung und der daraus erwachsende Stolz. Berufsarbeit bringt ihnen «Teilhabe am gesellschaftlichen Leben», etwas «Sinnvolles» tun, eine eigene Aufgabe haben – so das Fazit einer Studie über Fabrikarbeiterinnen. Die Arbeit bedeutet für die allermeisten demnach «nicht nur Belastung und Verschleiß, sondern ebenso: Aktivierung von Fähigkeiten, Zuwachs an Selbstsicherheit und Selbständigkeit».[18]

3. Der Wandel in der Kindererziehung

Im Verlauf des 20. Jahrhunderts bahnt sich auch eine neuerliche Wende in den pädagogischen Theorien an, mit entsprechend neuen Akzenten für die Arbeit am Kind. Vorher ging es darum, für das körperliche und geistige Gedeihen des Kindes zu sorgen, es gleichzeitig aber auch einzupassen in die von der Gesellschaft und den Eltern vorgegebenen Bedingungen. Jetzt aber kommt eine weiterreichende Devise auf, die zunächst auf relativ kleine Gruppen beschränkt bleibt, doch dann – vermittelt über ein schnell wachsendes Angebot populärwissenschaftlicher Literatur – immer breitere Schichten erfaßt und etwa seit den 1960er Jahren immer mehr den Familienalltag und das Familienleben durchdringt. Das Gebot dieser modernen Erziehungsratgeber heißt: bestmögliche Förderung der Fähigkeiten des Kindes.

Hier kommen verschiedene Entwicklungen zusammen, die den schon im 19. Jahrhundert angelegten Förderungsanspruch weiter vorantreiben. Da sind zunächst neue Fortschritte in Medizin, Psychologie, Pädagogik, die das Kind in wachsendem Maße gestaltbar werden lassen. So werden z. B. körperliche Behinderungen, die zu Beginn des 20. Jahrhunderts noch schicksalhaft hingenommen werden mußten, zunehmend behandelbar und korrigierbar. In der Psychologie setzt sich in den 1960er Jahren eine neue Forschungsrichtung durch, die noch weit stärker als früher die Bedeutung der ersten Lebensjahre betont, ja das Unterlassen von Förderung mit verlorenen Entwicklungschancen gleichsetzt. In den 1960er Jahren steigt auch das Durchschnittseinkommen, der wachsende Wohlstand wird zur Grunderfahrung der Zeit; in der Folge rücken Förderungsmöglichkeiten, die früher einer kleinen Schicht vorbehalten waren, nun für breite Gruppen in erreichbare Nähe. Auf der politischen Ebene schließlich beginnt, wie oben beschrieben, eine gezielte Bildungswerbung, um mehr Kinder und Jugendliche in die Institutionen der höheren Bildung zu bringen.

Als Resultat dieser und ähnlicher Bedingungen verstärkt sich der kulturell vorgegebene Druck: Das Kind darf immer weniger hingenommen werden, so wie es ist, mit seinen körperlichen und geistigen Eigenheiten, vielleicht auch Mängeln. Statt dessen wird es immer mehr zum Zielpunkt vielfältiger Bemühungen. Möglichst alle Mängel sollen korrigiert werden (nur kein Schielen, Stottern, Bettnässen mehr), möglichst alle Anlagen sollen entwickelt werden (Konjunktur für Klavierstunden, Sprachferien, Skikurs).

Das alles mag dem Kind nützen (oder auch nicht: wann wird aus Wohltat Plage?). Sicher ist jedenfalls, alles verlangt fortwährenden Einsatz der Eltern, und vor allem: der Mütter. Während es in früheren Jahrzehnten noch andere Personen gab, die nach dem Kind sahen – im Haushalt lebende Verwandte, ältere Geschwister, Dienstboten –, konzentriert sich die Erziehungsarbeit um die Mitte des 20. Jahrhunderts immer mehr auf die Mutter. In dieser Zeit gewinnen in der Psychologie auch Theorien enorme Durchsetzungskraft, die im Interesse des Kindes möglichst viel «Mutternähe» fordern, andere Betreuungsformen dagegen als abweichend, ja schädlich etikettieren.[19] Ihr Grundgedanke heißt: Für das gesunde Gedeihen des Kindes sei eine feste Bezugsperson nötig, und diese Bezugsperson müsse möglichst die Mutter sein. Der historische Trend wird damit auf eine gebieterische Formel gebracht: Das Kind braucht die Mutter! So wird er unterstützt und verstärkt, wissenschaftlich überhöht und populärwissenschaftlich verbreitet.

Mehr denn je also sind die Mütter gefordert, und zu ihren neuen Aufgaben gehört, daß sie zunehmend «Informationsarbeit» leisten müssen. Denn als Resultat der Fortschritte in Pädagogik, Psychologie, Medizin steht immer mehr Wissen zur Verfügung, erreicht über die Medien immer weitere Gruppen, und als «gute» Mütter/Eltern gelten nun solche, die das Wissen sich aneignen zum Wohle des Kindes. Über Kinder wird ein Netz von Theorien geworfen. Und mit demselben Netz werden auch die Mütter gefangen.

«Ob Erziehungs- oder Schulprobleme, was das Kind anziehen soll, wohin es wann und mit wem in Urlaub fahren soll, was es essen soll, ob es zu klein ist, zu groß, zu laut, zu leise, zu gebückt, zu aufrecht, zu was auch immer – überall der gleiche Ratschlag: man wende sich am besten an den Arzt ... Erfahrungen werden unbedeutend, Hinweise von eigenen Eltern oder Großmüttern entsprechen nicht dem

Wissensstand moderner Theoretiker. Kindererziehung wurde zur Wissenschaft erklärt und ist daher studierbar, erlernbar und vor allem auch lehrbar».[20]

Aber natürlich reicht die Information allein nicht aus, wichtig ist vor allem die Anwendung der Informationen. Und das bedeutet dann vielfältige «Förderungsarbeit» am Kind und seiner Entwicklung, ebendeshalb, weil das Kind heute in bestimmtem Sinne «machbar» geworden ist. Aber schauen wir genauer hin: Wer macht denn was? Viel häufiger als früher werden Spezialisten herangezogen, die vorbeugen oder den Lauf der Natur korrigieren sollen. Diese Experten tun das, was ihre berufliche Aufgabe ist, von der Schutzimpfung bis zur Anweisung therapeutischer Übungen. Aber «heranziehen» im eigentlichen Sinn lassen sie sich nicht, der Patient muß schon selbst kommen. Aber kommt ein Kleinkind allein? Wer also leistet die Vor- und Nacharbeit, die sich stillschweigend ergibt: Wer bringt das Kind zum Kieferorthopäden und zur Heilgymnastik, wer sitzt mit ihm im Wartezimmer, besorgt die Medikamente, fährt das Kind von Training zu Training, sichert den häuslichen Lernerfolg durch Mahnworte, Übungsschritte, Kontrollen? Das alles wird nun zur Aufgabe der Mutter.

Und die Mutter macht noch weit mehr. Denn auch in jenen breiten Bereichen des Erziehungsalltags, wo kein direkter Zugriff von Spezialisten erforderlich wird, regiert immer mehr der Zugriff der Pädagogik. In diesem Zeichen entstehen neue Tätigkeiten, mit einem Stichwort zusammengefaßt: die Mutter als Entwicklungshelferin fürs Kind. Vieles, was früher selbstverständlich geschah, verlangt jetzt – um des gezielten Erfolges willen – behutsame Einführung und bewußte Aufmerksamkeit der Erziehungsperson. Das Hineinwachsen des Kindes in die Welt, seine Entdeckung der Welt wird von den Ratgebern in «Funktionen» zergliedert und soll derart pädagogisch begleitet, dosiert, unterstützt werden.

Dazu der Sozialhistoriker *de Mause:* Die neue Erziehungsform verlangt *«außerordentlich viel Zeit, Energie und Diskussionsbereitschaft, insbesondere während der ersten sechs Jahre, denn einem kleinen Kind dabei zu helfen, seine täglichen Ziele zu erreichen, be-*

deutet, ständig auf es einzugehen, mit ihm zu spielen, seine Regressionen zu tolerieren, ihm zu dienen, statt sich von ihm bedienen zu lassen, seine emotionalen Konflikte zu interpretieren und ihm die für seine sich entwickelnden Interessen erforderlichen Gegenstände zur Verfügung zu stellen».[21]

So geht die «naturwüchsige Kindheit» allmählich ihrem Ende entgegen, und statt dessen beginnt die «Inszenierung der Kindheit». Dabei liegt es kaum an den persönlichen Neigungen oder vielleicht auch Neurosen der Mütter, wenn sie sich immer stärker einbinden lassen in den Sog der Empfehlungen und Aktivitäten rund ums Kind. Die Inszenierungsbereitschaft hat vielmehr einen durchaus objektiven Grund: Die moderne Gesellschaft versteht sich bekanntlich als Leistungsgesellschaft, die soziale Mobilität zum Grundprinzip macht (in jedem Fall verheißt, ein Stück weit auch zuläßt). In dem Maß aber, wie die Standes- und Schichtschranken brüchiger werden – die früher rigide Grenzen vorgaben, aber gleichzeitig auch Sicherung boten –, gewinnen Erziehung und Förderung um so größeres Gewicht, werden jetzt Teil der «Arbeit zum Statuserhalt».[22] Wo der Zwang regiert, durch individuelle Anstrengungen den eigenen Platz in der Gesellschaft zu sichern, da wird er notwendig schon ins Kinderzimmer hineingetragen: Die Kindererziehung wird eingespannt zwischen Aufstiegswunsch und Abstiegsbedrohung.

Der Schriftsteller *John Steinbeck* hat diesen Trend literarisch prägnant beschrieben: *«Es war plötzlich ganz unannehmbar, daß das Kind wie seine Eltern sein und leben sollte; es muß besser sein, besser leben, mehr wissen, sich besser kleiden und womöglich des Vaters Handwerk gegen einen akademischen Beruf vertauschen. Dieser rührende Traum verbreitete sich über das ganze Land. Da man vom Kinde verlangte, daß es besser als die Eltern sei, mußte es gezügelt, geleitet, gestossen, bewundert, bestraft, umschmeichelt und gezwungen werden».*[23]

Zusammenfassend kann man sagen: In der hochindustriellen Gesellschaft wird zwar die physische Versorgung des Kindes in mancherlei Hinsicht einfacher, dank Technisierung des Haushalts und vorgefertigter Produkte wie Wegwerfwindel und Babykost. Aber dafür bringt die Entdeckung der Kindheit auch neue Themen und Aufgaben mit sich. Das Kind, einst ein Geschenk Gottes, manchmal auch eine unerwünschte Last, wird für die Eltern/die Mütter zunehmend «ein schwieriges Behandlungsobjekt».[24]

Hinzu kommt, was den Erziehungsalltag weiter belastet: das Bild von der kinderorientierten Gesellschaft ist nur die halbe Wahrheit. In den 1960er Jahren verstärken sich nämlich – im Gefolge von Wiederaufbau und Wirtschaftswunder – Technisierung, Urbanisierung, Rationalisierung, dringen vor in immer weitere Bereiche, ja wirken unmittelbar auch in die Familie und in das Eltern-Kind-Verhältnis hinein. Das Ergebnis, kurz zusammengefaßt: Die Lebenswelt der hochindustriellen Gesellschaft wird auf vielen Ebenen wenig kindgerecht, ja ihrer objektiven Struktur nach kinderfeindlich. Effizienz und Leistung, Pünktlichkeit und Berechenbarkeit, Ordnung und Organisation, das sind die Prinzipien der technisch-wissenschaftlichen Zivilisation, die immer dichter auch die Alltagswelt durchdringen. Aber Kinder sind anders, nicht berechenbar und nicht rational. Sie haben ihre eigenen Lebensrhythmen, die sich nur bedingt in ein vorgegebenes Schema einpassen lassen. Sie sind spontan, ungezähmt, mit einem Wort: lebendig, sind voller Neugier, Entdeckungslust, Bewegungsdrang. Und deshalb «stören» sie, ob im Supermarkt oder im Straßenverkehr. «Die Kinderstube ist der Treffpunkt der Urzeit und der Zivilisation»,[25] anders gesagt: der Aufeinanderprall von Urzeit und Uhrzeit.

Immer mehr müssen die Erziehungspersonen nun durch private Anstrengungen auszugleichen versuchen, wo die Gesellschaft die natürlichen Bedürfnisse des Kindes behindert. Nehmen wir ein scheinbar triviales Beispiel: «Babys brauchen Luft und Licht»,[26] mahnt eine vom Staat finanzierte Erziehungsbroschüre. Aber unter den beengten Wohnverhältnissen der Städte ist davon wenig zu finden. Deshalb können die Mütter nicht einfach der Natur und dem Kind ihren Lauf lassen, sondern müssen für Luft und Licht sorgen, müssen einen täglichen Transport veranstalten und dabei zunächst selbst laufen. In der genannten Erziehungsbroschüre heißt es dazu:

«... Ihr Baby [sollte] schon von der dritten Lebenswoche an ...
allmählich an den Aufenthalt im Freien gewöhnt werden ... Wenn
Sie weder einen Balkonplatz noch eine ruhige Gartenecke haben,
sollte das Kind regelmäßig täglich bis zu drei Stunden *ausgefahren*
werden».[27]

So gesehen ist die kinderfeindliche Gesellschaft immer auch müt-
terfeindlich: weil sie die Arbeit der Mütter erschwert. Weil die
«normale» Lebenswelt heute so wenig kindgerecht ist, müssen
Kinder abgeschoben werden in «Reservate»: Laufstall, Kinderzimmer, Spielplatz. Aber diese Einzäunung schützt nicht nur, sie behindert auch die freie Entfaltung des Kindes. Deshalb wird es nun
zur Aufgabe der Mutter, durch gezieltes pädagogisches Handeln
wiederherzustellen, was die Einzäunung an natürlicher Entwicklung verhindert.

Auf der einen Seite leben die Mütter also in einer kinderorientierten Gesellschaft, deren Zielvorgabe «optimale Förderung»
heißt. Auf der anderen Seite und gleichzeitig leben sie in einer
Gesellschaft, die ihrer objektiven Struktur nach kinderfeindlich
ist. Jedes für sich genommen bedeutet mehr Arbeit, was die
Versorgung der Kinder betrifft. Aber beides zusammengenommen
ist kaum zu leisten. Denn trotz aller Versuche des Ausbalancie-
rens und Kompensierens: Die idealen Leitwerte der kinderbewuß-
ten Gesellschaft und die objektive Realität einer kinderfeindlichen Gesellschaft sind in vielerlei Hinsicht unvereinbar. Die
Erziehenden können ihre Arbeit nicht unter, sondern vielfach
nur *entgegen* den Lebensbedingungen hochindustrieller Gesellschaften verrichten. Sie geraten an vielen Fronten in eine «Sand-
wich-Position»: Druck von allen Seiten. Die Mütter, mit den
schönen Leitsätzen von «bedürfnisgerechter Förderung» im Kopf,
werden zwangsläufig eingespannt in einen Kampf mit der Umwelt,
die an vielen Punkten die Bedürfnisse des Kindes nicht zulassen will.

Vielleicht kann man es so sagen, mit einer nur geringfügigen
Übertreibung: Mütter heute sind mit einer unmöglichen Aufgabe
betraut. Auf der einen Seite wird das Ziel der Erziehungsarbeit
immer höher gesteckt, heißt jetzt «optimale Förderung»; auf der

anderen Seite werden die Bedingungen, um dies Ziel zu erreichen, in vielerlei Hinsicht ungünstig, «kinderfeindlich» eben; und die Kluft zwischen schönem Anspruch und Verwirklichungschancen wird zunehmend größer.

VI. Der zweite Geburtenrückgang beginnt

In den 1950er und 1960er Jahren bahnten sich also zum einen Veränderungen im Leben der Frau an, zum anderen auch Veränderungen in der Kindererziehung. Damit kommen wir nun zur entscheidenden Frage, wie sich dieser Wandel auf den Kinderwunsch auswirkte.

Dazu zunächst eine kurze Rückblende. Wie in den Anfangskapiteln beschrieben, gehörten sowohl in der vorindustriellen Gesellschaft wie im Bürgertum des 19. Jahrhunderts Ehe und Mutterschaft unmittelbar zusammen. Zuerst wurde das Kind gebraucht als Arbeitskraft und Erbe, später dann wurde Mutterschaft definiert als Erfüllung des «weiblichen Wesens». Wenn die materiellen Voraussetzungen zur Familiengründung erfüllt waren, gab es keine Frage: Der vorgezeichnete Weg hieß Schwangerschaft, Geburt, Aufziehen der Kinder.

Ein erster Wandel setzte im ausgehenden 19. Jahrhundert ein, als Frauen begannen – noch sehr zaghaft zumeist –, einen Anspruch auf eigene Entwicklung zu stellen. Weil sich damals kaum Lebensmöglichkeiten außerhalb der Familie boten, blieb weiter die Ehe das Lebensziel, und Kinder gehörten selbstverständlich zur Ehe dazu. Aber es entstand jetzt ein Anspruch auf mehr Freiraum innerhalb der Familie, und damit auch eine neue Motivation zur Geburtenkontrolle. In wachsendem Maß begannen Frauen sich aufzulehnen gegen einen unbarmherzigen biologischen Rhythmus, der ihre Kräfte verbrauchte durch die Aufeinanderfolge von Schwangerschaften und die Anforderungen einer schnell wachsenden Kinderschar, die jetzt auch noch intensivere Betreuung erhalten sollte. Die Auflehnung damals blieb leise, auf private Formen beschränkt, aber sie blieb nicht ohne Wirkung: Die Geburtenzahlen begannen zu sinken.

Doch nur die Kinderzahl wurde damals zur Frage – nicht aber das Kinderhaben. Bis vor wenigen Jahrzehnten war für die meisten

Frauen der Kinderwunsch «keine Frage, er war eine Selbstverständlichkeit».[1] Betrachtet man die Stationen ihres Lebensweges, so findet man ein typisches Muster, in einer Interview-Aussage kurz zusammengefaßt: «Und dann haben wir geheiratet und schon bald das erste Kind bekommen».[2]

«Ich sage oft, ich habe meine Kinder so unbewußt auf die Welt gestellt, weil es einfach dazu gehört hat. Wenn ich heute die jungen Frauen... höre, wie sie sich das überlegen, und manch eine sagt, nein, ich will keine Kinder, dann muß ich sagen, ich begreife das. Ich will damit nicht sagen, ich hätte meine Kinder nicht gewollt. Das stimmt nicht. Aber ich frage mich ab und zu, ob ich, wenn ich heute entscheiden könnte, so unbedingt das Gefühl hätte, ich müsse Kinder haben. Ich bin da nicht sicher».[3]

1. Eine neue Entscheidungssituation: Der Kinderwunsch

Eine neue Phase wird eingeleitet um die Mitte der 1960er Jahre. Zum ersten Mal entsteht für breitere Gruppen von Frauen eine Art Wahlmöglichkeit: das Leben ohne Familie, ohne Mann, ohne Kind. Zum ersten Mal gibt es Vergleichsmöglichkeiten: hier das, was das «eigene Leben» bietet und fordert; dort das, was das «Dasein für die Familie» verlangt und verheißt. In der Folge bricht die Einheitlichkeit der weiblichen Normalbiographie auf, ihre typischen Verläufe, Stationen und Ziele ändern sich, eine neue Vielfalt zeichnet sich ab. Während traditionelle Milieus und Lebensformen weiterexistieren, wachsen daneben jetzt Gruppen heran, die anderen Orientierungen und Vorgaben folgen. Hier werden die auf das eigene Leben bezogenen Erwartungen und Erfahrungen schon ein Teil des «Sozialcharakters» der Frau, ein Teil ihrer Person. Und damit werden sie auch zum inneren Maßstab, von dem her sie vieles betrachtet – zum Beispiel die Beziehung zum Mann, zum Beispiel die Beziehung zum Kind.

Hinzu kommt im Jahr 1961 ein Ereignis, das eine neue Epoche in der Geschichte von Sexualität und Fortpflanzung einleiten wird:

Die Pille kommt auf den Markt. In den Massenmedien wird sie vielfach zu *der* Ursache des einsetzenden Geburtenrückgangs erklärt: Das Stichwort «Pillenknick» macht bald die Runde. In der wissenschaftlichen Diskussion wird dagegen betont, solche Vorstellungen seien viel zu pauschal und vereinfachend.[4] Die Pille, so heißt es hier, ist nur ein Mittel zum Zweck, und Mittel werden bekanntlich nur dort eingesetzt, wo auch entsprechende Zwecke, Wünsche, Motivationen existieren. Nun sind aber, wie oben beschrieben, in den 1960er Jahren tatsächlich neue Motivationen entstanden, ausgelöst durch tiefgreifende Veränderungen im Leben der Frau. So gesehen hat die Darstellung in den Medien doch einen richtigen Kern. Auch wenn die Pille den Geburtenrückgang nicht verursacht hat, hat sie doch wesentlich zu ihm beigetragen, eben weil zum Zeitpunkt ihrer Verfügbarkeit auch die Zwecke sich änderten, oder anders gesagt: weil genau da Mittel *und* Zwecke zusammentrafen. Vor dem Hintergrund des «eigenen Lebens» entstehen neue Motivationen zur Geburtenkontrolle – und mit der Pille gibt es jetzt auch die technischen Möglichkeiten dazu.

In dieser neuen Konstellation löst sich die unmittelbare Verbindung von Frauenleben und Mutterschaft auf, oder genauer: sie wird abgeschwächt und ein Stück weit gebrochen durch die Konkurrenz unterschiedlicher Leitbilder und neuer Wahlmöglichkeiten. Indem Kinderhaben aus der einstigen Selbstverständlichkeit freigesetzt wird, kommt es zu einem paradoxen Effekt: *Kinderhaben wird gleichzeitig zum Wunsch und zur Frage.* Denn auf der einen Seite entsteht erst jetzt, wo Mutterschaft aus gesellschaftlichen Vorgaben und biologischen Zwängen entlassen wird, eine wirkliche Entscheidungssituation: Die Frau kann sich für oder gegen Kinder entscheiden. Oder anders gesagt, erst jetzt, wo man auch «Nein» sagen kann, gibt es auch ein bewußtes «Ja»: einen persönlichen Kinderwunsch. Aber gleichzeitig wird das, was früher die eigentliche Bestimmung der Frau war, nun auch eine *Frage*, wird geöffnet für Überlegungen, Abwägungen, Planungen verschiedenster Art, die alle aus dem Anspruch und Zwang zum eigenen Leben entstehen, vor diesem Hintergrund die Inhalte und Anforderungen des Kinderhabens betrachten und messen. Abgewogen wird, wie sich ein Kind vereinbaren läßt mit der gegenwärtigen Situation und den langfristigen Lebensplänen – zum Beispiel mit den Anforderungen der Ausbildung, den Anforderungen im Beruf, der Beziehung zum Partner. Also Kinderhaben ja oder nein, jetzt oder später, und wie werden wir dann die Rollen verteilen, soll die Frau für die Erziehung zuständig sein, oder was will/kann/soll auch der Mann übernehmen?

So wird aus dem, was Entscheidungssituation genannt wird, nicht selten ein lang andauernder Entscheidungsprozeß. Und die Frage, die gegen Ende des 19. Jahrhunderts sich zaghaft anzudeuten beginnt, bricht jetzt in vielen Gruppen immer offener auf. Ihr Grundtenor heißt: Wie paßt Mutterschaft mit dem Anspruch und Zwang zum eigenen Leben zusammen?

2. Ein Stück Selbständigkeit bewahren

Nachdem sich in den 1950er und frühen 1960er Jahren die ersten Vorzeichen ankündigten, wenn auch noch untergründig und leise, beginnt der eigentliche Wandel um die Mitte der 1960er Jahre und gewinnt in der Folgezeit schnell an Durchsetzungskraft. Unter dem Eindruck des Geburtenrückgangs, der sich allmählich ins öffentliche Bewußtsein schiebt, entstehen in den 1970er und 1980er Jahren immer mehr Untersuchungen, Interview-Aussagen, Erfahrungsberichte, die um den Kinderwunsch kreisen und seine Barrieren zu fassen versuchen. Dabei wird oft ein ähnliches Grundmotiv sichtbar. Für immer mehr Frauen wird zur entscheidenden Frage – und dies nicht mehr nur heimlich und leise, sondern vielfach offen und direkt –, ob sie sich ein Stück persönliche Unabhängigkeit bewahren können, auch als Mutter mit Kind. Das Motto dafür könnte der Satz sein, den eine Verkäuferin im Interview sagte: «Eben nur Mutter sein – das will man doch wieder nicht».[5] Und noch direkter in einem Erfahrungsbericht: «Ich will beides ... Ein Kind und ein Stück Freiraum von meinen Mutterpflichten.»[6]

Anhand einschlägiger Studien kann man genauer bestimmen, was mit solchen Aussagen gemeint ist. Aus empirischen Ergebnissen deutet sich zunächst einmal an, daß die Barrieren des Kinderwunsches je nach Schicht variieren. Kurz zusammengefaßt: Je höher die Bildung, desto weniger spielen finanzielle Erwägungen eine Rolle. Dafür treten dann die sozialen Beschränkungen durch Kinder in den Vordergrund, also: weniger persönliche Freiheit, Einschränkung von Beruf und Freizeit.[7] Aber so plausibel diese Gegenüberstellung von finanziellen Motiven und Selbständigkeitswünschen zunächst auch erscheint, so bleibt sie bei genauerem Hinsehen doch zu sehr der Oberfläche verhaftet. Sie verkennt nämlich, was zu den charakteristischen Erfahrungen des weiblichen Lebenszusammenhangs gehört: daß die ökonomische Abhängigkeit, die mit Mutterwerden verbunden ist, in soziale Abhängigkeit hineinführt – daß zwischen den beiden also ein unmittelbarer Zusammenhang besteht. Diese reale Verquickung von ökonomischen und sozialen Abhängigkeiten hat zur Folge, daß auch da, wo Frauen vom Geld reden, sie deshalb keineswegs nur das Geld meinen. Im Gegenteil: Auch da, wo finanzielle Barrieren genannt werden, steht dahinter oft das Streben nach Selbständigkeit. So haben Frauen, die kinderlos sind, Angst davor, durch die Hausfrauen- und Mutterrolle – nein, nicht ohne Geld zu sein, aber eben ohne «*eigenes* Geld», selbst in den kleinen Wünschen abhängig vom Mann und seinem Verdienst. Geld bedeutet für sie nicht allein Konsummöglichkeit, es ist vielmehr ein Zeichen ihrer Unabhängigkeit.

So eine Friseuse: «*Wenn ich mir vorstelle, ich soll mir vom Geld meines Freundes Kleider kaufen... und soll Dieter auch noch die Preise nennen, da wird mir ganz grau. Ich hab zuerst, wenn ich mir selbst was kaufte, billigere Preise angegeben. Dann hab ich ihm aber klar gemacht, daß er mich zum Lügen zwingt... Aber was ist, wenn ich nun kein Geld mehr hab, weil ein Kind da ist, und ich doch für alles gradezustehen hätte – für den Haushalt und das Kind?*»
　Und eine Sekretärin: «*Mein Mann gibt das Geld sehr unbekümmert aus. Wenn er meint, er muß Geld ausgeben, dann gibt er es eben aus. Ich hab jetzt mein eigenes Geld und ganz andere Möglichkeiten, die Ausgaben zu steuern. Wäre ich finanziell von ihm abhängig, dann ist das ja sein Geld, was wir verbrauchen. Dann*

ist es nicht unser Geld, das ich da irgendwie habe. Ich hab ihn mal gefragt, wie das denn mit den Finanzen aussehen würde, wenn ich zu Hause bliebe. Ob ich dann ein Haushaltsgeld und ein Taschengeld bekomme ... Da war er ganz entsetzt, weil er meint, er wäre der große Finanzierer als Alleinverdiener und könnte mir das Geld zuteilen ... Also, es geht nur, sagte ich mir, wenn du auch selbst etwas verdienst. Und die Frage nach einem Kind hat immer was mit dem Finanziellen zu tun. Wenn man Kinder hat, ist es aus in der Partnerschaft».[8]

Daß hinter den finanziellen Beweggründen oft der Wunsch nach ein bißchen mehr Unabhängigkeit steht, zeigt auch eine Untersuchung von Müttern mit einem Kind, in der nach den Motiven für oder gegen ein weiteres Kind gefragt wird. Finanzielle Motive, so wird hier sichtbar, werden von den Frauen oft deshalb genannt, weil diese sozial akzeptabel und deshalb wenig angreifbar sind – was insbesondere dann von Vorteil ist, wenn Mann und Frau unterschiedliche Interessen haben. Denn oft haben es gerade Hausfrauen besonders schwer, sich mit ihren Vorstellungen durchzusetzen, sofern sie kein weiteres Kind wollen. «Ihnen bleibt oft nichts anderes übrig, als sich auf finanzielle Argumente ... zurückzuziehen, denn diese überzeugen die Ehemänner noch am ehesten».[9]

«Fast alle Hausfrauen, die sich gegen ein zweites Kind aussprechen, führen auch die erwarteten finanziellen Probleme als Grund gegen eine größere Familie an. Dies bedeutet aber nur in Einzelfällen, daß sich die Familien auf gar keinen Fall ein zweites Kind leisten könnten. Etwa die Hälfte dieser Frauen lebt beispielsweise in einem Eigenheim bzw. in einer Eigentumswohnung. Die vorgebrachten finanziellen Bedenken ... deuten eher auf andere Prioritäten hin: die Frauen möchten selbst wieder etwas mehr vom Leben haben, finanzielle Unabhängigkeit vom Mann erlangen und auch einen höheren Lebensstandard als den der eigenen Herkunftsfamilie für sich und ihr Kind sichern».[10]

So kann man wohl sagen, daß es zwar schichtspezifisch unterschiedliche Variationen und Ausdrucksformen gibt, aber eine Grundtendenz ist dennoch unverkennbar: Bei immer mehr Frauen kreisen die Gedanken um ein Stück persönliche Selbständigkeit. Dies läßt sich anschaulich an drei Beispielen zeigen. Das erste bezieht sich auf die Situation *arbeitsloser Frauen.* Hier herrscht in der Öffentlichkeit vielfach die Auffassung vor, daß bei den Engpässen am Arbeitsmarkt Frauen «ausweichen» auf das Dasein als Hausfrau und Mutter. Doch schon zu Beginn der 1980er Jahre zeichnen einschlägige Untersuchungen ein anderes Bild. So findet eine Studie über arbeitslose Hauptschülerinnen:

«Aufgrund ihrer Erfahrung von Abhängigkeit und Unselbständigkeit in der Arbeitslosigkeit stehen viele Mädchen aber der Idee, sich auf Familie zurückzuziehen und sich vom Freund oder Ehemann ‹aushalten› zu lassen, wie sie dies nennen, sehr skeptisch gegenüber».[11]

Noch deutlicher sind die Ergebnisse einer Studie über arbeitslose Akademikerinnen, ebenfalls aus den 1980er Jahren. Danach wird unter dem Eindruck von Arbeitslosigkeit der Kinderwunsch nicht etwa bestärkt, sondern im Gegenteil: bewußt beiseite geschoben. Denn die Frauen haben Angst, daß die Stellensuche, die jetzt schon schwierig genug ist, mit Kind praktisch aussichtslos wird und es ihnen dann nie mehr gelingt, auf eigenen Füßen zu stehen. «Arbeitslosigkeit [wird] für die meisten Frauen eher zum zentralen Hinderungsgrund – und nicht zum Anlaß –, ein Kind zu bekommen».[12]

«Ja, es ist schon ein Konflikt, nicht nur eine finanzielle Sache. Sondern der Punkt ist einfach, daß ich dann total raus wäre aus dem Beruf. Wenn ich jetzt Kinder bekommen würde, müßte ich Berufswünsche weit hintenanstellen. Gerade bei der derzeitigen Arbeitsmarktsituation halte ich das für selbstmörderisch. Also, dann müßte ich mir auch über die Konsequenzen im klaren sein und bewußt eingehen, daß ich dann wirklich keinen Job mehr kriege. Und das will ich eben nicht».

«*Man hätte zwar jetzt im Augenblick die Zeit, aber jetzt ist alles so ungesichert. Und ich würde sagen, das wird einem gerade in der Arbeitslosigkeit schwer gemacht, sich zu entscheiden. Gerade wenn man nicht bereit ist, den üblichen Weg zu gehen, eben heiraten und Kinder kriegen und vom Mann abhängig zu sein. Und das wäre etwas, was ich überhaupt nicht haben möchte ... Ich möchte also nie irgend jemand für mich sorgen lassen*».[13]

Das zweite Beispiel bezieht sich darauf, daß in Interviews und Erfahrungsberichten, die den Kinderwunsch thematisieren, auffallend oft ein *innerer Vergleich mit der eigenen Mutter* auftaucht. Die Entscheidung für oder gegen ein Kind wird demnach auch wesentlich beeinflußt vom Bild der Mutter, vom Gedanken an das Leben, das sie gehabt oder vielleicht eher: nicht gehabt hat. Und solche Bedenken finden sich auch, ja gerade bei Frauen, die aus einfachen Verhältnissen stammen. So die Untersuchung über Ein-Kind-Familien: «Insbesondere für Frauen mit Unterschichtherkunft ist das Beispiel der Mutter, die ‹nichts vom Leben gehabt hat›, ‹immer bloß gearbeitet hat›, ein verbreitetes, nicht nachahmenswertes Bild».[14]

Frau M. über ihre Mutter, eine Hausfrau mit fünf Kindern: «*Also, sie hat auch immer bloß den Haushalt, die Kinder gehabt, sie war immer nur für die Kinder und den Mann da. Kochen, putzen, waschen, bügeln. Sie hat auch noch nichts gesehen. Also, auf gar keinen Fall möchte ich tauschen, nie*».

Frau D. über ihre Mutter, die als ungelernte Fabrikarbeiterin arbeitete und vier Kinder hatte: «*Die ganze Woche hat sie ja bloß gearbeitet für uns. Sie schuftete in der Arbeit und hat dann uns versorgt. Um Gottes willen, sie hat nichts Gutes gehabt, also, das war der reine Selbstverzicht*».[15]

Mutterschaft als dauernde Selbstzurücknahme – in den Augen der Töchter wird daraus ein Dahinkümmern, ja leises Verkümmern. Und in ein solches Schicksal sich nun selbst einbinden lassen? Dieser Gedanke ist nicht erstrebenswert, sondern abschreckend für sie. Insbesondere diejenigen, die von der Bildungsexpansion profitiert haben und qualifizierte Abschlüsse erreicht haben, wollen nicht wiederholen, was ein Buchtitel nennt: «Mutter war keine Person».[16] Dazu Ausschnitte aus Erfahrungsberichten:

«Als ich älter wurde, wußte ich immer, ich will mal nicht so leben wie meine Mutter, die eben Hausfrau und Mutter war ... Wenn ich später sagte, ich will keine Kinder, hat meine Mutter immer gelächelt, aber ich merkte eindeutig, daß sie sehr traurig darüber war. So in den letzten zwei, drei Jahren begreift sie ein Stück weit, warum ich keine Kinder will. Aber sie weiß natürlich, daß mein Leben auch eine Kritik an ihrem Leben enthält». (Lehrerin)[17]

«Mutter sein als Erfahrung messen – kann ich eigentlich nur an meiner eigenen Mutter. Und meine eigene Mutter hat bis vor kurzem ihre ganze Identität aus mir bezogen, war Person nur durch mich. Ich sehe, fühle das bei vielen Frauen/Müttern – bei zu vielen! Und zu wenige, die durch sich selber Person sind, die die eigene Entwicklung nicht in die Entwicklung ihrer Kinder projizieren». (Lehrerin)[18]

Und so heißt es im Erfahrungsbericht einer Professorin, die die Entscheidung fürs Kind bewußt lange aufgeschoben hat: *«... ich wollte mich nicht von Kindern und Familie vereinnahmen lassen. Ich wollte mich nicht in gleicher Weise für die Familie aufopfern, so wie ich das Leben meiner Mutter wahrgenommen hatte ... Ehe ich ein Dasein für andere führte, wollte ich eine Weile lang mein eigenes Leben führen».*[19]

Ein wachsender Wunsch also nach den Handlungsräumen persönlicher Freiheit: hier dürfte eine wesentliche, ja vielleicht sogar die entscheidende Barriere gegen Mutterschaft liegen. Dies illustriert anschaulich auch das dritte Beispiel, bei dem es um Frauen geht, die bereits Mutter sind und deren Frage jetzt heißt: *Noch ein weiteres Kind?* Für die Frauen früherer Generationen stellten sich solche Überlegungen auch, aber nicht in Form einer grundsätzlichen Alternative (eher aus Gründen der physischen Überlastung und ständigen Erschöpfung), denn ihr Weg war in jedem Fall vorbestimmt zum lebenslangen «Dasein für die Familie». Ganz anders dagegen die jüngeren Frauen, die schon vom Anspruch und Zwang zum «eigenen Leben» berührt sind. Sie sehen – das klingt in vielen Äußerungen an – die Phase der intensiven Kinderbetreuung eher als einen Zwischenabschnitt und wollen danach wieder mehr Selbständigkeit gewinnen. Und genau hier liegt auch ein entscheidender Grund, warum sie häufig kein weiteres Kind wollen. Das wird sichtbar in der Befragung von Müttern mit einem Kind,[20] und es klingt deutlich an in vielen Erfahrungsberichten.

«Bei mir kam ... allmählich ein Gefühl der Abhängigkeit auf. Ich fühlte mich nicht mehr als Person, sondern ‹nur› noch als Mutter und Hausfrau, ganz für die Familie ... Meine Vorstellung für die Zukunft sieht so aus, daß ich erst einmal wieder zu mir finden muß ... Ein zweites Kind? In den nächsten Jahren sicher nicht». (Krankenschwester)[21]

«... ich habe einfach (noch?) nicht den Mut zu einem zweiten Kind. Ich möchte auch für mich selbst ein Zipfelchen übrigbehalten: ein Zipfelchen Zeit, ein Zipfelchen Energie ... Nein, ich möchte kein zweites Kind mehr haben. Ich bin zu wenig gern ausschließlich Mutter». (Verlagsassistentin)[22]

Viele der hier zitierten Äußerungen mögen selbstbezogen erscheinen, ja sie sind es in gewissem Sinn auch, und zwar durchaus bewußt. Aber es ist ein Mißverständnis und Irrtum, derartige Aussagen – wie es nicht selten geschieht – als Charakterdefizit der modernen Frauen zu sehen, als Beleg für übersteigerte Wünsche und Ambitionen. Wer solche Deutungen vorbringt, verkennt die Hintergründe und Ursachen. Um es im Bezugsrahmen der bisherigen Überlegungen zu sagen: Das «Dasein für andere» verlangt selbstlose Formen des Denkens und Handelns. Dagegen gehört zum geheimen Lehrplan der modernen Gesellschaft, zielstrebig den eigenen Lebensweg zu entwerfen, dabei Chancen umfassend zu nutzen, Hindernisse vorausschauend zu meiden. Wie aber kann man unter solchen Umständen sich für Mutterschaft entscheiden – wo doch, daran gemessen, das Kind offensichtlich ein Hindernis darstellt, Chancen spürbar beschränkt? Das ist der eigentliche Konflikt – nicht ein Problem der einzelnen Frau, sondern ein Problem der modernen Gesellschaft.

Das Resultat ist bekannt. Um die Mitte der 1960er Jahre beginnt der zweite Geburtenrückgang. Er setzt sich fort und verstärkt sich in den folgenden Jahren – und bisher ist kein Ende in Sicht.

VII. Der Geburtenrückgang setzt sich fort: von 1965 bis heute

Nachdem der Geburtenrückgang nun seit vier Jahrzehnten anhält, ist es Zeit, eine Zwischenbilanz zu versuchen. Die Leitfrage der folgenden Überlegungen heißt: Wie ist die Entwicklung seit 1965 verlaufen, seit damals, als der Geburtenrückgang begann und die Diskussion um seine Ursachen einsetzte? Wo sind in der Zwischenzeit neue Bedingungen entstanden, was ist vielleicht auch beim alten geblieben? Wie steht es heute um das Spannungsverhältnis zwischen Kinderwunsch und dem eigenen Leben der Frau?

Weil es jedoch eine enorme Aufgabe wäre, das Gesamtpaket dieser Fragen hier behandeln zu wollen, wähle ich ein bescheideneres Vorgehen. Ich will drei Entwicklungen ins Zentrum stellen, die in den letzten Jahrzehnten eingesetzt haben und die – so meine These – an strategisch wichtigen Punkten in das Verhältnis von «Frauenleben und Kinderwunsch» eingreifen. Dabei geht es erstens um neue Angebote der Fortpflanzungsmedizin; zweitens um das Credo der Vereinbarkeit von Beruf und Familie und dessen Umsetzungschancen; und drittens um neue Formen der Arbeitsteilung im Bereich des Privaten.

1. Neue Angebote der Fortpflanzungsmedizin: von der Pille zur Pränataldiagnostik

Mit der Pille, die 1961 in Deutschland auf den Markt kam, in der zweiten Hälfte der 1960er Jahre allmählich größere Verbreitung gewann, begann, wie oben erwähnt, eine neue Epoche für Frauen. Wahlfreiheit hieß die neue Verheißung: Frauen konnten selber entscheiden, wann sie ein Kind wollten und wie viele sie wollten. Sie konnten abwarten, bis der Kinderwunsch hineinpaßte in die sonstigen Vorgaben in ihrem Leben. Und sie konnten sich gegebenenfalls auch dagegen entscheiden.

Damit stellt sich die Frage: Wie ist, wenn wir zurückblicken, die tatsächliche Entwicklung verlaufen? Ist die Verheißung der Wahlfreiheit in Erfüllung gegangen?

Die Antwort, so meine ich, ist komplizierter als ein einfaches Ja oder Nein. Wenn man mit der Situation früherer Zeiten vergleicht, brachte die Pille zweifellos einen wichtigen Durchbruch in der Geschichte der Frauen. Zwar waren seit langem verschiedene Verfahren der Geburtenkontrolle bekannt, aber die Pille war weit effektiver. Jetzt endlich gab es ein Verhütungsmittel, das einfach anzuwenden war und hochgradig zuverlässig, jetzt endlich war nicht mehr die Angst vor einer Schwangerschaft allgegenwärtig. Und indem Frauen mehr Verfügung über ihre Fruchtbarkeit gewannen, erlangten sie zugleich mehr Autonomie über ihr Leben insgesamt. In diesem Sinne bedeutete die Pille unbestreitbar einen enormen Fortschritt.

So die Juraprofessorin *Nina Taub*: Ohne effektive Möglichkeiten der Geburtenkontrolle «*sind Frauen außerstande, zu den politischen und sozialen Vorgängen, die jeden Aspekt ihres Lebens bestimmen, Zugang zu finden und daran teilzunehmen. Das Ausmaß an Kontrolle, das Frauen über die reproduktive Seite ihres Lebens haben, beeinflußt ganz direkt ihre Ausbildungs- und Berufsmöglichkeiten, ihr Einkommen, ihr körperliches und seelisches Wohlbefinden und auch die ökonomischen und sozialen Bedingungen, unter denen die Kinder, die sie bekommen, aufwachsen*».[1]

Allerdings hatte der Fortschritt, wie sich bald zeigen sollte, auch seinen Preis. Er war nicht ohne Nebenfolgen zu haben. Diese waren ungewollt, aber deshalb nicht weniger wirksam – und auch sie sollten nachhaltig die Konturen des Frauenlebens verändern.

Zunächst einmal hatte die Pille zur Folge, daß viele Frauen abzu-
warten begannen. Sie schoben den Kinderwunsch im Lebenslauf
weiter hinaus. Sie versuchten, den «richtigen Zeitpunkt» zu finden,
wo die Bedingungen stimmten: die Partnerbeziehung, der Ausbil-
dungsabschluß, der Berufseinstieg, die Wohnung, das Einkommen.
Als die Voraussetzungen einigermaßen günstig erschienen – oder
als der Kinderwunsch stärker wurde –, da setzten sie die Pille ab
und wurden Mutter.

Für manche Frauen ist allerdings nie der richtige Zeitpunkt gekommen. Es gab immer ein Teilchen im Puzzle, das gerade nicht
stimmte. Zum Beispiel waren sie endlich im Beruf etabliert, konnten eine Babypause sich leisten – da ging die Partnerschaft in die
Brüche. Oder sie hatten endlich den richtigen Partner gefunden,
aber der Job ging verloren und die finanzielle Basis wurde zu unsicher. Obwohl sie «eigentlich» Kinder gewollt hatten, ergab es sich
nicht. Je besser sie planen wollten, je mehr sie möglichst «optimale»
Voraussetzungen schaffen wollten – desto mehr wuchs die Wahr-
scheinlichkeit, daß sie das Kinderhaben am Ende verpaßten.

Von der Möglichkeit zur Pflicht der Verhütung?

Betrachtet man die Entscheidungssituation genauer, die mit der
Pille entstand, so kann man durchaus auch fragen: Wie frei ist
die Entscheidung fürs Aufschieben wirklich? Die Geschichte der
Technik hat nämlich vielfach gezeigt, daß das Mittel auf die Zwecke
zurückwirkt und ebenso leise wie nachhaltig die Entscheidungssituation selbst verändert. Anders gesagt, eine neue Technik ist
im sozialen Raum nicht neutral, sondern birgt ein ganzes Programm des sozialen Wandels in sich. So der Soziologe *Wolfgang
van den Daele*: «Moral ist wandelbar ... Unter dem Eindruck
neuer Technik veraltet die bestehende Moral».[2] Und noch pointierter die amerikanische Sozialwissenschaftlerin *Ruth Hubbard:*
«Es stehen immer mehr ‹Entscheidungsmöglichkeiten› zur Verfügung – und nur allzu schnell verwandeln sich diese Möglichkeiten in den Zwang, sich für die gesellschaftlich akzeptierte Version
zu ‹entscheiden›».[3]

Auf die Pille bezogen heißt das, unter dem Eindruck neuer Möglichkeiten der Geburtenkontrolle verändern sich auch die Einstellungen, Erwartungen, Normen auf diesem Gebiet. Man kann annehmen, daß die Entwicklung etwa folgendermaßen verläuft: Indem die Pille enorm schnell in die Schlagzeilen der Massenmedien rückt und zu vehementen Diskussionen in der Öffentlichkeit führt, wird auch ein Bewußtseinsprozeß ausgelöst. Jetzt wird bis ins letzte Dorf hinein unmittelbar sichtbar, daß die Biologie nicht mehr Schicksal ist, daß es vielmehr Optionen gibt: die Entscheidung für oder gegen ein Kind. Und im Wechselspiel der Fragen, Standpunkte, Argumente, die in der öffentlichen Diskussion ausgetauscht werden, verschieben sich allmählich die Gewichte der «Beweislast». Unterderhand bahnt sich eine Veränderung der gesellschaftlich vorherrschenden Moral an: Aus dem Entscheidenkönnen wird die *Pflicht* zur bewußten Entscheidung. Oder noch pointierter gesagt, mit der Verfügbarkeit der Pille wird die Entscheidung für oder gegen ein Kind weiter «privatisiert»: Aus den Zwängen der Biologie entlassen und in die Verantwortung von Frau und Mann gelegt.

«Die neue Moral heißt bewußte, rationale, technisch-sichere Verhütung. Ihr Leitbild ist der aufgeklärte moderne Mensch, der verantwortungsbewußt mit dem Akt der Zeugung umgeht … Fast wird derjenige verdächtig, der im Zeitalter der unbegrenzten Verhütungsmöglichkeiten keinen Gebrauch davon macht. Verhütung wird vom notwendigen Übel zur aufgeklärten Staatsbürgerpflicht».[4]

Und diese Pflicht trifft nun vor allem die Frauen. Sie sind es, die mit dem Störfall Mutterschaft verantwortungsbewußt umgehen sollen, damit ihre Chancen im Bildungssystem und in der Berufswelt nicht eingeschränkt werden. Sie sollen Mutterschaft so unauffällig und so effizient wie möglich organisieren – dafür, so die Verheißung, dürfen sie dann auch an den Segnungen der Moderne teilhaben. Wie oft diese Verheißung in Erfüllung geht, ist eine andere Frage. Aber offensichtlich ist, daß hier ein neues Leitbild seinen Aufstieg erlebt.[5] In seinem Zentrum steht die junge Frau, aufgeklärt, aktiv und dynamisch, die ihren Lebensentwurf langfristig plant und rational umsetzt; die sich, das ist dabei ein wichtiger Punkt, nicht leichtfertig den Zufällen der Biologie unterwirft, sondern konsequent die Möglichkeiten der Geburtenkontrolle benutzt. Kurz, die erst einmal lange verhütet, weil sie eine qualifizierte Ausbildung absolviert; die selbstverständlich auch Zusatzqualifikationen erwirbt, also Sprachkurs, Auslandsaufenthalt, Betriebspraktika; dann aus den verschiedenen Möglichkeiten des Berufseinstiegs die optimale auswählt; danach ihre Berufsposition ausbaut und konsolidiert – und die frühestens dann die Pille absetzt und mit dem Mutterwerden beginnt.

In diesem Leitbild enthalten ist jedoch eine neue Gefahr, nämlich die der Planungsfalle.[6] Nach der neuen Devise sollen die Frauen den möglichst optimalen Zeitpunkt für die Geburt eines Kindes sorgfältig abwägen und entsprechend bestimmen. Aber dem steht als hartes Faktum entgegen, daß es diesen mythischen optimalen Zeitpunkt – fast niemals gibt. Die moderne Arbeitswelt fordert, da in schnellem Wandel begriffen, ununterbrochenen Einsatz; wer da unterbricht, pausiert, die Arbeitszeit reduziert, muß immer mit erheblichen Einbußen rechnen. Statt dieses Problem als ein gesellschaftliches sichtbar zu machen und entsprechend nach gesellschaftlichen Lösungen zu suchen, wird das Problem nun leicht als privates definiert: Da wird die Verhütungstechnologie dazu benutzt, jene Frauen für irrational zu erklären, die sich «falsch» entscheiden oder sich weigern, «vernünftig» zu planen. Sie werden für «Fehlplanungen» persönlich verantwortlich gemacht: Selbst schuld, heißt es dann.[7]

Die Pille als Einstieg in die Fortpflanzungstechnologie

Dabei erweist sich das zeitliche Aufschieben, das das neue Lebensprogramm verlangt, für nicht wenige Frauen als problematisch. Nachdem sie sich endlich zum Kinderhaben entschließen und die Pille absetzen, passiert – nichts. Sie müssen feststellen, daß die Pille zwar das Verhüten leichtmacht und in diesem Sinn zur genauen Lebensplanung beitragen kann. Aber die andere Seite der Medaille ist – und das hatten in den ersten Jahren der Pilleneuphorie nur wenige vorher bedacht –, daß mit dem zeitlichen Aufschieben die biologischen Voraussetzungen für eine Schwangerschaft unsicherer werden. Die Fruchtbarkeit, so die nüchternen Fakten, nimmt ab mit steigendem Alter der Frau. So wächst in den weiteren Jahren – und nicht zuletzt als Folge bzw. Nebenfolge der Pille – die Zahl der Frauen, die ungewollt kinderlos blieben.

Wie wir wissen, sind für Frauen in dieser Situation neue Auswege entstanden, oder genauer zumindest: die Verheißung von Auswegen. Seit den 1970er, 1980er Jahren sind in schneller Folge immer mehr Angebote der Reproduktionsmedizin entwickelt und technisch perfektioniert worden, von der hormonellen Stimulation bis zur In-vitro-Befruchtung und zur Eizellen-Spende. Allerdings können auch diese Behandlungsverfahren keine einfache Lösung anbieten, sondern haben wiederum eine Kehrseite.[8] Das beginnt mit den Kosten (je nach Land und Regelung muß der Patient bzw. die Patientin einen größeren oder geringeren Teil der Behandlung selbst bezahlen). Hinzu kommen Risiken im psychischen und sozialen Bereich, von der Sexualität nach Kalender und Zeitplan bis zur emotionalen Anspannung, dem ständigen Wechsel zwischen Hoffen und Bangen. Hinzu kommen erst recht die physischen Belastungen durch weitgehende Eingriffe in den Körper der Frau, zum Beispiel die Gefahren der hormonellen Überstimulierung. Wenn es gutgeht, kommt am Ende das Kind, das heiß ersehnte. Wenn nicht – weil die Erfolgswahrscheinlichkeit vieler Behandlungsverfahren recht gering ist –, bleiben am Ende Enttäuschung und das Gefühl des Verlusts.

So gesehen ist die Wahlfreiheit, die die Pille zunächst gebracht hat, für diese Gruppe von Frauen am Ende ins Gegenteil umgeschlagen. Sie hat viele Frauen zu Klientinnen gemacht im großen Betrieb der Fortpflanzungstechnologie – mit all den Abhängigkeiten und Zwängen, Risiken und Kosten, die sich daraus ergeben.

Dazu die amerikanische Soziologin *Barbara Katz Rothman: «All diese neuen Behandlungsverfahren haben den Betroffenen auch eine neue Last auferlegt – die Last, sich immer noch mehr bemühen zu müssen. Wie viele gefährliche experimentelle Medikamente, wie viele Monate – oder sind es Jahre – mit zwanghaftem Sex muß man denn hinter sich bringen, bis man in Ehren aufgeben darf? Wann hat ein Paar ‹alles versucht› und darf endlich aufhören?»[9]*

Die Risiken der späten Mütter

In den Sog des Medizinbetriebs gerät auch eine weitere, in den letzten Jahrzehnten schnell wachsende Gruppe von Frauen: die «späten Mütter».[10] Sie haben das Kinderbekommen lange verschoben, sehr lange. Dann schließlich wollten sie schwanger werden, und sie wurden es auch. Aber sie waren mittlerweile älter geworden. Und nachdem in den letzten Jahrzehnten Pränatal- und Gendiagnostik schnelle Fortschritte machten, nachdem sie die genetischen Grundlagen von Gesundheit und Krankheit immer genauer aufschlüsseln konnten, gerieten die Risiken später Mutterschaft zunehmend ins Blickfeld, wurden in vielen Ländern über Medien und nicht zuletzt Frauenzeitschriften verbreitet – wurden derart zum Allgemeinwissen, dem keiner und keine entkam. Paßgerecht für die entsprechenden Ängste entwickelte sich bald ein eigenes Repertoire medizintechnischer Hilfsangebote aus Pränatal- und Gendiagnostik. Also Tests verschiedener Art, im Kern ein Normalitäts-Check fürs Ungeborene, um die schwangere Frau zu beruhigen und ihr die Ängste zu nehmen.

Aber auch diese Verheißung hat ihre Kehrseite, denn bekanntlich können die Tests keinen Garantieschein für günstige Befunde anbieten.[11] Wenn alles gutgeht, wenn sich keine Defekte oder Abweichungen zeigen, ist die werdende Mutter danach erleichtert und glücklich. Was aber dann, wenn der Befund diffus ist, unklar, mehrdeutig? Oder was, wenn er eindeutig ist, wenn er eine Behinderung ausweist? Oder wenn die Amniozentese gar eine Fehlgeburt auslöst – ich bin jetzt 38, auf dieses Kind habe ich so lange gewartet, vielleicht ist diese Schwangerschaft meine letzte und einzige Chance? Aber andererseits, wenn das Kind behindert sein sollte, dann müßte ich alles andere aufgeben – was soll ich nur tun?

Viele der Frauen, die in ein solches Dilemma geraten, fühlen sich überfordert, allein gelassen und hilflos. Denn die hochtechnisierte Medizin kann zwar in schnell wachsender Zahl Tests und Untersuchungsverfahren anbieten, aber sie hat keine Antwort auf die emotional bedrängenden Fragen, die die Frauen bewegen. Und je mehr medizintechnische Möglichkeiten sich bieten, desto komplexer, ja unüberschaubarer gerät die Entscheidungssituation. In der Folge sind, wie Experten der genetischen Beratung berichten, die Ratsuchenden immer häufiger «vor ... außerordentlich schwierige Entscheidungen gestellt ...», wie sie bislang in dieser Schärfe und Tragweite nicht erlebt worden sind. Die Grenzen menschlicher Entscheidungsfähigkeit werden erreicht».[12]

An solchen Aussagen wird deutlich, was auch die Kehrseite der Wahlfreiheit ist: Je länger die Frauen das Kinderhaben aufschieben, desto eher werden sie in einem späteren Stadium konfrontiert mit den Ängsten, die um eine mögliche Behinderung des Kindes kreisen, mit den daran geknüpften Unsicherheiten, Entscheidungszwängen, Entscheidungskonflikten. Auch hier also hat die fast perfekte Verhütung den Weg vorbereitet für den Einsatz weiterer Medizintechnologie. Dabei werden Frauen zu Patientinnen/Klientinnen und erfahren neue Abhängigkeiten. Die «Schwangerschaft auf Probe»[13] wird zunehmend zur Normalität.

2. Vereinbarkeit von Beruf und Familie: Ein Credo zwischen Umsetzungsversuchen und Widerständen

Nachdem im Gefolge der Bildungsexpansion immer mehr Frauen eine qualifizierte Ausbildung erhielten, nahm – wie oben beschrieben – auch die Berufsmotivation von Frauen deutlich zu. Viele Frauen wollten nicht mehr nur «dazuverdienen», sondern selbständig berufstätig sein und auch berufstätig bleiben – auch nach der Heirat, auch nach der Geburt eines Kindes. Weil aber für eine solche «Doppelbelastung» kein Platz in der Arbeitswelt war, erfuhren viele Frauen die Teilhabe an beiden Bereichen als andauerndes, ihren Alltag prägendes Spannungsverhältnis. Sie hatten in der Welt jenseits der Familie eine neue Freiheit gesucht – und was fanden sie? Den «48-Stunden-Tag»,[14] die Erfahrung der ständigen Belastung und Überlastung, und ihr schönster Traum wurde nun: einmal ausschlafen zu können.

Als die amerikanische Soziologin *Arlie Russell Hochschild* eine Untersuchung zur Situation berufstätiger Eltern durchführte, mußte sie feststellen: Viele der befragten Frauen «*waren bei den Interviews kaum vom Thema Schlaf abzubringen. Sie berichteten mir, auf wieviel Schlaf sie täglich kamen ... Manche entschuldigten sich dafür, wieviel Schlaf sie brauchten ... Sie erzählten mir, wie sich der Wechsel eines Babysitters ... auf die Schlafgewohnheiten ihres Kindes auswirkte ... oder wie sie es schafften, nachts im Halbschlaf nach dem weinenden Kind zu sehen und danach gleich wieder einzuschlafen. Diese Frauen sprachen über das Schlafen wie Hungernde über das Essen*».[15]

Die Doppelbelastung als ein Begriff, dessen Wahrheitsgehalt im durchaus wörtlichen Sinn bald offenbar wurde: diese Erfahrung setzte sich, vermittelt über Frauenbewegung und Frauenforschung, in den 1970er und 1980er Jahren in eine neue politische Forderung um. Diese kam einer radikalen Kehrtwende gleich, gemessen am Leitbild der vorangehenden Jahre. Wo vorher das Dasein für die Familie, und nur für die Familie, die eigentliche Bestimmung der Frau war, wurde nun die Devise dagegengesetzt: *Vereinbarkeit* von Beruf und Familie.

Und was ist daraus geworden, heute, ein paar Jahrzehnte danach? Wieder gibt es keine einfache schnelle Antwort, sondern mehrere Schichten von Antworten. Als erstes empfiehlt sich ein Blick über die deutschen Grenzen hinweg: Bei einem europäischen Vergleich zeigt sich kein einheitliches Bild, sondern unterschiedliche Konstellationen je nach betrachtetem Land. In grober Verallgemeinerung kann man sagen, in Mittel- und Nordeuropa ist die Forderung nach Vereinbarkeit inzwischen «sozial angekommen», in Politik wie Öffentlichkeit bereits akzeptiert; hierzu haben nicht zuletzt die sinkenden Geburtenzahlen beigetragen und die Befürchtungen, die sich mit dem Stichwort Bevölkerungsrückgang verbinden. Kurz, «bessere Vereinbarkeit» ist hier zum Bestandteil der politischen Programmatik geworden, zur Pflichtformel von Parteitagen bis hin zu betrieblichen Führungsetagen.

Aber auch da, wo die Notwendigkeit eines Wandels im Prinzip anerkannt ist, kommt dieser Wandel in der Praxis oft nur langsam voran. Zweifellos hat sich in Nord- und Westeuropa in den letzten Jahrzehnten manches bewegt. Um die Vereinbarkeit von Beruf und Familie zu fördern, sind auf der Ebene der politisch-institutionellen Vorgaben zahlreiche Initiativen in Gang gesetzt worden, von Elternurlaub bis zu Angeboten der Kinderbetreuung. Aber je nach Land werden die Prioritäten unterschiedlich gesetzt, je nach Land ist die Bilanz unterschiedlich.[16] Bislang sind Erfolge vor allem erkennbar in Frankreich und den skandinavischen Ländern, ansonsten bleiben die Fortschritte eher bescheiden. Ob Deutschland, ob Großbritannien, ob Spanien: Die öffentlichen Angebote für Kinderbetreuung reichen nicht aus, in den Kassen des Staates herrscht Leere, und bei den Unternehmen können sich die proklamierten Absichten – auch da, wo sie ernst gemeint sind – gegen alte Vorbehalte und Vorurteile vielfach nicht durchsetzen.

So bleiben in vielen Ländern Frauen weiter gefangen zwischen den Vorgaben der Berufswelt und den Anforderungen der Kinderversorgung. Und hinzu kommt in den letzten Jahren eine Entwicklung, die das Spannungsverhältnis weiter verschärft: Globalisierung und die Folgen.

Prekäre Arbeitsverträge, prekäre Biographien

Globalisierung bedeutet nicht nur wirtschaftlichen Austausch und Öffnung der Märkte, sondern damit verbunden auch mehr Konkurrenzkampf, schnelleres Tempo, verstärkter Innovationsdruck. Je mehr aber die Arbeitswelt von den Gesetzen und Zwängen eines globalisierten Marktes geprägt wird, desto weniger Raum bleibt für soziale Gesichtspunkte, wie etwa die Rücksicht auf Familien und deren Bedürfnisse. Dies wird deutlich, wenn man mit der Situation der 5oer, 6oer, 7oer Jahre vergleicht: Zwar war damals in weiten Regionen Südeuropas Armut verbreitet, und auch in Mitteleuropa war das Lohnniveau niedrig, der Wohlstand vergleichsweise bescheiden. Aber auf der anderen Seite waren in Mitteleuropa feste Arbeitsverhältnisse und feste Arbeitszeiten die Norm, Arbeitskräfte wurden gesucht; und als dann die Arbeitslosigkeit allmählich zunahm, blieb sie immer noch vergleichsweise niedrig. Von daher waren hier wichtige Koordinaten der Existenzsicherung stabil, die

Voraussetzungen für eine langfristige Lebensplanung günstig. Ein verläßlicher Rahmen war da, um soziale und familiäre Bindungen aufbauen zu können.

Tempi passati, vergangene Zeiten. Flexibilisierung und Deregulierung sind die Postulate, die die Arbeitswelt immer stärker durchdringen. Die traditionelle Form der Berufsarbeit, mit fest umrissenem Tätigkeitsbereich und geregelter Folge der beruflichen Stationen, verliert an Terrain, und an ihre Stelle schiebt sich ein Nebeneinander verschiedenster Beschäftigungsformen, die offener und beweglicher sind, aber zugleich auch instabiler, anfälliger, risikoreicher. Wo aber der «Beruf fürs Leben» dahinschwindet, schwinden auch die finanziellen Sicherheiten, die er einst bot.

Hinzu kommt, auch den Arbeitsplatz fürs Leben gibt es nicht mehr. Während früher die Beschäftigten in der Regel über viele Jahre, wenn nicht gar Jahrzehnte im selben Betrieb blieben, setzt sich in der Arbeitswelt jetzt das «kurzfristige Leben»[17] immer mehr durch. Und dies in den meisten Fällen nicht freiwillig – jedenfalls nicht freiwillig aus Sicht der Arbeitnehmer. «Hilfe, mein Arbeitsplatz wandert aus» ist ein Satz, der das Zeitalter der Globalisierung kennzeichnet.[18] In vielen westlichen Ländern ist die Arbeitslosigkeit drastisch gestiegen. Und von den Menschen, die heute einen Arbeitsplatz haben, wissen viele nicht, ob sie ihn morgen noch haben.

Aber nicht nur, daß die Risiken in der Arbeitswelt auf verschiedenen Ebenen zunehmen – sie sind auch noch, das ist für die Frage des Kinderhabens entscheidend, sehr unterschiedlich verteilt. Für unseren Zusammenhang ist zunächst einmal der Generationenvergleich wichtig, und da zeigt sich deutlich: Weitaus am stärksten betroffen sind die jüngeren Jahrgänge.[19] Während die Älteren, wenn sie Glück haben, noch durch Tariflöhne und Kündigungsschutz eine gewisse Absicherung haben, hat sich für die Jüngeren die Situation geradezu dramatisch verschlechtert. Wer ins Berufsleben einsteigen will, bekommt häufig nur Praktika angeboten (im Klartext: man muß regulär arbeiten für wenig Geld). Auch im Stadium danach gibt es immer seltener feste Stellen, statt dessen kurzfristige Verträge; also keine Sicherheit auf Dauer, sondern nur ein Scheck für heute und morgen. So verlängert sich die finanzielle Abhängigkeit, Selbständigkeit wird erst in immer späteren Jahren erreicht. Unsicherheit der Lebensplanung breitet sich aus, bis weit in die Mittelschichten hinein, wird zur Grunderfahrung in der Generation der jungen Erwachsenen heute.

Wie aber soll man auf derart prekärer Grundlage eine Familie gründen? Wie die Verantwortung für ein Kind übernehmen? Das sind die Fragen, die nun, im Gefolge von Globalisierung und Unsicherheit, den Bereich des Privaten erreichen. Nachdrücklich belegt wird dies durch zwei Untersuchungen, beide soeben erschienen. Die eine, eine Befragung zum Thema «Kinderwünsche in Deutschland», vom Bundesinstitut für Bevölkerungsforschung durchgeführt, stellt fest: Auf der Rangliste der Gründe, die gegen ein Kind oder weitere Kinder sprechen, rangieren heute zwei Antworten ganz oben. Am meisten Zustimmung finden die Aussagen «Um Kinder zu haben, benötige ich einen sicheren Arbeitsplatz» und «Um Kinder zu haben, benötigt mein(e) (Ehe-)Partner/in einen sicheren Arbeitsplatz».[20] Zu ähnlichen Ergebnissen kommt eine großangelegte quantitative Vergleichsstudie, ein breites Spektrum industrialisierter westlicher Länder erfassend, der Arbeits- und Lebenssituation der nachwachsenden Generation gewidmet.[21] Die berufliche Unsicherheit, so die Schlußfolgerung hier, beeinflußt in wachsendem Ausmaß die privaten Lebensformen der jungen Männer und Frauen. Weil sie finanziell so lange abhängig sind, schieben sie die Familiengründung immer weiter hinaus. Weil sie nicht wissen, ob und wann sie je einen im wirtschaftlichen Sinn sicheren Hafen erreichen, warten sie ab: jetzt noch kein Kind.

Nun trifft diese finanzielle Unsicherheit zunächst einmal beide Geschlechter. Aber die Konsequenzen, so kann man mit guten Gründen vermuten, wirken sich im weiblichen Lebenszusammenhang deutlich spürbarer aus. Um das Bild vollständig zu machen, muß man also auch die Geschlechter vergleichen. «Besondere Nachteile», so die englische Autorin *Suzanne Franks*, «beinhaltet die verlängerte Abhängigkeit für Frauen, die einmal Kinder haben wollen. Weil es heute so viel länger dauert, bis man im Beruf fest etabliert ist, müssen diese Frauen zwischen zwei Möglichkeiten wählen. Entweder schieben sie das Kinderhaben immer weiter hinaus, oder sie bekommen die Kinder schon früh, bevor sie berufliche Erfolge vorweisen können. Beide Varianten sind mit Risiken verbunden».[22]

«Weiblich, jung, kinderlos» – so ist ein Artikel in der Frankfurter Zeitung überschrieben. Er dokumentiert die Erfahrungen der Generation Praktikum, genauer deren weiblicher Hälfte. *«Sie wünschen sich Kinder und empfänden eine Schwangerschaft als Katastrophe ... Für Kinder haben sie keine Zeit. Sie, das sind glänzend ausgebildete Akademikerinnen. Junge Frauen, deren Lebensläufe längst nicht mehr auf eine DIN-A4-Seite passen. Frauen, die scheinbar alles richtig gemacht haben, die flexibel und mobil sind, zielstrebig und engagiert, kommunikativ und teamorientiert. Ins Ausland sind sie gegangen, um an einer renommierten Universität in England oder Amerika zu studieren ... Ihren Kinderwunsch haben sie verdrängt, sich an eine Fernbeziehung, doppelte Haushaltsführung und unbezahlte Praktika gewöhnt ... [Doch] der Arbeitsmarkt will sie nicht. Er braucht sie nicht. Auf die mit Kindern verzichtet er gleich ganz ... Die berufliche Perspektive, für die sie jahrelang geschuftet hatten, gibt es nicht mehr ... Manche nehmen dankbar Stellen an, für die sie überqualifiziert sind. Andere schreiben sich für einen der vielen Aufbaustudiengänge ein. Wo aber soll der Kinderwunsch dieser Frauen bleiben?»*[23]

Mobilität statt Kontinuität

Selbst wenn man Glück hat und irgendwann einen Arbeitsplatz findet, bauen sich neue Hindernisse auf, die der Vereinbarkeit von Beruf und Familie entgegenwirken: Arbeitsort und Arbeitszeiten werden zum Problem. Statt Kontinuität ist in der schönen neuen Arbeitswelt die Bereitschaft zum vielfachen Wechsel gefordert. In immer mehr Berufsfeldern gehört geographische Mobilität zum Alltag dazu (Praktikum im Ausland, Dienstreise in eine andere Stadt). Und ist erst die eine Stelle beendet, muß man oder frau sich eine neue suchen – also von Kassel nach Köln, von Dresden nach Dortmund. In immer mehr Berufsfeldern muß man auch zeitlich mobil sein (Abendkurs, Nachtschicht, Wochenendseminar). Neuere

Arbeitszeitstudien weisen die empirische Auflösung der «Normalarbeitszeit» nach: Zugenommen haben in den letzten Jahren vor allem Sonntagsarbeit, Teilzeitarbeit, Gleitzeitarbeit, Überstundenarbeit sowie Arbeitszeitkonten.

Das alles ist aus betrieblicher Sicht zweifellos nützlich. Wie aber verträgt es sich mit den Anforderungen eines Lebens in und mit der Familie, das umgekehrt gerade Kontinuität, Präsenz, Verläßlichkeit braucht? Schon die Partnerbeziehung wird schwierig, wenn der eine in Leipzig arbeitet, die andere in Flensburg. Aber noch viel schwieriger wird es, wenn erst Kinder da sind. Die kann man nicht im Tiefkühlfach lagern und, wenn das Fortbildungsseminar oder die Dienstreise vorbei ist, wieder herausholen. Man muß sich nicht wundern, wenn angesichts zunehmender Mobilitätszwänge junge Frauen und Männer sagen: Das schaffe ich nicht. Das ist zu kompliziert. Da will ich lieber kein Kind.

Wer freilich bereit ist, dem neuen Mantra zu folgen und sein Leben ganz den goldenen Geboten von Mobilität und Flexibilität zu unterstellen, kann unter günstigen Bedingungen auf der Karriereleiter steil nach oben gelangen. Aber wer auf ein so einseitiges Leben sich nicht einlassen will, bekommt um so sicherer die Sanktionen zu spüren: Im Gefolge des sich anbahnenden Wandels kommt es in der Arbeitswelt zu einer neuen Polarisierung zwischen oben und unten. Und auch hier wieder ist, was die Frage des Kinderhabens angeht, ein Geschlechtervergleich angebracht. Wenn man genauer hinschaut, wird nämlich sichtbar, daß diese Polarisierung – obwohl sie äußerlich geschlechtsneutral ist – in der Praxis vor allem gegen Frauen, ja insbesondere gegen Mütter sich auswirkt. «Der Effekt ist», schreibt *Suzanne Franks,* aus den Positionen am oberen Ende der Hierarchie «all diejenigen zu verdrängen, ... deren Verfügbarkeit möglicherweise eingeschränkt ist und die auch noch andere Verpflichtungen berücksichtigen müssen. Frauen, die noch irgendwelche sonstigen Anforderungen haben, sollten sich besser gar nicht bewerben».[24]

Vereinbarkeit von Beruf und Familie? Die Bilanz, wenn man mit den 1960er Jahren vergleicht, fällt zwiespältig aus. Zweifellos ist auf politischer Ebene versucht worden, die Vereinbarkeit von Beruf und Familie zu erleichtern. Doch die Anstrengungen blieben punktuell, die Erfolge begrenzt. Auf der anderen Seite aber hat sich seit damals das Gefüge der Arbeitswelt nachhaltig verändert. Flexibilisierung und Deregulierung sind die Gebote, die sich immer mehr durchgesetzt haben. War für die Arbeitswelt vorher schon eine «strukturelle Rücksichtslosigkeit»[25] gegenüber der Familie kennzeichnend, so wird diese Rücksichtslosigkeit damit noch vorangetrieben und weiter gesteigert.

Die Akademikerin oder: Dr. habil. Kinderlos

Wie es um die Vereinbarkeit von Beruf und Familie bestellt ist, hängt auch ab von Berufsfeld, Betrieb, Arbeitgeber. In besonders drastischer Form stellt sich das Vereinbarkeitsproblem für diejenigen Frauen, die eine Universitätskarriere anstreben: Im Wissenschaftsbetrieb ist die strukturelle Rücksichtslosigkeit gegenüber Familie und Kindern geradezu mit Händen zu greifen. Die hier geltenden Regeln hat die amerikanische Soziologin *Arlie Russell Hochschild* schon vor 30 Jahren prägnant beschrieben:

«Verschwende keine Zeit. Bemühe dich früh um ein gutes Forschungsthema und suche dir einen einflußreichen und gleichzeitig freundlichen Betreuer, von dem du auch wirklich etwas lernen kannst. Und, was am allerwichtigsten ist, konzentriere dich und deine ganze Person auf die entscheidenden Jahre, die nach der Dissertation kommen ... Da darf nichts anderes Priorität haben. Nimm das beste Stellenangebot an und zieh dorthin, egal wie deine persönliche und familiäre Situation aussieht. Veröffentliche dein erstes Buch in einem angesehenen Verlag und zieh quer durchs Land, wenn dir jemand eine bessere Berufsposition bietet – auch wenn es nur eine kleine Verbesserung ist. Zeige unermüdliches Engagement in Forschung, beruflichen Organisationen, Herausgeber-Tätigkeiten, damit dein Namen im Wissenschaftsbetrieb bekannt wird – dies solltest du erreichen, wenn du Ende Zwanzig, spätestens Anfang Dreißig bist».[26]

Hierzulande und heute sieht die Situation nicht besser aus, im Gegenteil. Nach dem Studium erst einmal die üblichen akademischen

Karrierestufen, Examen, Promotion, Habilitation; das dauert lange – in Deutschland noch länger als in anderen Ländern. So ist, allein schon durch die zeitlichen Vorgaben, der akademische Lebenslauf extrem kinderfeindlich. Denn Wissenschaftler – egal ob Mann oder Frau – müssen ihre höchste Produktivität genau in jenem Lebensabschnitt entfalten und auch noch im Blickfeld der *scientific community* geschickt präsentieren, in dem andere Akademiker ihre ersten Berufserfahrungen schon hinter sich haben und mit dem Kinderkriegen anfangen können. Das sind die Jahre zwischen Anfang und Ende Dreißig: Genau da muß der aufstrebende Jungwissenschaftler Höchstleistung zeigen – also Drittmittel einwerben, bei Evaluierungsverfahren gute Figur machen, dazu Nächte im Labor, Überstunden in der Bibliothek, Vorträge auf nationalen und internationalen Kongressen. Nicht zu vergessen *Publish or perish*: Wer keine umfassende Liste gut plazierter Veröffentlichungen vorweisen kann, hat keine Chance. Kurz, gemessen an den Regeln des Wissenschaftsbetriebs ist Kinderhaben eine grandiose Fehlinvestition.

Unter diesen Bedingungen verwundert es nicht, wenn viele der angehenden Professoren und Professorinnen zum Kinderkriegen schlicht keine Zeit haben. Eine Studie der Universität Dortmund, gegenwärtig noch in der Auswertungsphase, liefert dazu folgende Zahlen: In der Altersgruppe der 37- bis 42jährigen, also in der Spätphase weiblicher Fortpflanzungsfähigkeit, sind gut 58 Prozent der Nachwuchsforscherinnen ohne Kinder; bei den Männern des wissenschaftlichen Nachwuchses sind es 50 Prozent, also kaum weniger. Als in der ZEIT ein Bericht über die Studie erscheint, trägt er den bezeichnenden Titel: «Dr. habil. Kinderlos».[27] Am Ende heißt das Fazit, knapp und prägnant: «Die Universität scheint eine verhütende Wirkung zu haben».

3. Hausarbeitsmigrantinnen oder: Die neue Arbeitsteilung zwischen den Frauen

In den 1950er und 1960er Jahren war die sogenannte traditionelle Arbeitsteilung die Norm: der Mann der Ernährer, die Frau zuständig vor allem für Heim und Familie. Als dann die neue Frauenbewegung aufkam, setzte sie ein anderes Leitbild dagegen, um die Fundamente des bisherigen Geschlechterverhältnisses ins Wanken zu bringen: Die vorherrschende Arbeitsteilung wurde einer umfassenden Revision unterzogen und grundsätzlich in Frage gestellt. Beide Geschlechter, so die neue Vision, sollten an beiden Bereichen teilhaben. Und das hieß im Klartext: Männer sollten die Arbeit im Privaten mit übernehmen. Sie sollten putzen, waschen, kochen und Kinder wickeln.

Und wie sieht die Wirklichkeit aus, heute, zu Anfang des 21. Jahrhunderts? Zweifellos hat sich seit damals die Arbeitsteilung zwischen den Geschlechtern verändert – aber, wenn man von vereinzelten heroischen Ausnahmen absieht, insgesamt nur in sehr bescheidenem Umfang. Wie einschlägige Studien zeigen, haben viele Männer der jüngeren Generation tatsächlich ein engeres Verhältnis zu ihren Kindern entwickelt. Sie spielen mehr mit ihnen, sie bringen sie morgens zum Kindergarten oder abends zu Bett. Aber dennoch sind es bis heute die Frauen, die den mit Abstand größten Teil der Kinderversorgung und -erziehung übernehmen (und dies gilt um so mehr für die allgemeinen Aufgaben im Haushalt, da erst recht bleibt die Beteiligung der Männer recht bescheiden). Die entsprechenden Berichte lesen sich auffallend ähnlich:

So der «Siebte Familienbericht»: *«Die Beteiligung von Vätern an der Betreuung und Erziehung ihrer Kinder hat ... kontinuierlich zugenommen. Die Hauptzuständigkeit für die Kinder liegt jedoch nach wie vor bei den Müttern ... Die Väter ... beteiligen sich in erster Linie an Aktivitäten, die einen eher spielerischen Charakter haben, während Routinetätigkeiten, Versorgungsaufgaben und die Organisation des Alltags mit Kind vorwiegend in der Zuständigkeit der Mutter verbleiben».*[28]

So der «Monitor Familiendemographie», ein aus Bundes- und Ländermitteln finanzierter Bericht: *«Das väterliche Engagement hat seit den siebziger Jahren zugenommen»*, jedoch: *«Nicht nur die zeitliche Beteiligung unterscheidet den Einsatz von Vätern und Müttern, sondern auch die übernommenen Aufgaben. Väter übernehmen öfter Aufgaben, die direkte Interaktion mit dem Kind beinhalten und im Spiel- und Freizeitbereich angesiedelt sind».*[29]

So eine empirische Studie, die den Einsatz von Müttern und Vätern vergleicht: Die Organisation der alltäglichen Arbeit für Kinder *«trennt ... Frauen und Männer in diejenigen, die den Grundbedarf decken* müssen, *und diejenigen, die nach Gusto fürsorglich sein* können *... Für Männer [ist] ihr Engagement keine Notwendigkeit, sondern ein entscheidungsgebundener Einsatz. Die Rahmenbedingungen, insbesondere ihre Konzentration auf Erwerbsarbeit, sind fixiert, bevor sie die verbleibende Zeit mit kindbezogenen Aktivitäten füllen. Für Mütter hingegen, ob erwerbstätig oder nicht, ist Kinderbetreuung eine Pflichtaufgabe».*[30]

Nimmt man noch die Haus- und Familienarbeit hinzu, so ergibt sich als Fazit, daß die Beteiligung der Männer/der Väter sehr begrenzt bleibt, und dies gilt für West- wie Ostdeutschland ähnlich.[31] «Erwerbstätige Mütter finden offensichtlich vorerst anderweitig Entlastung»,[32] heißt es dazu in einem Bericht des Deutschen Jugendinstitutes. Im folgenden geht es darum, wie diese anderweitige Entlastung aussieht.

Die Familie als Kleinunternehmen

Weil die berufstätigen Frauen nicht alles allein leisten können, suchen sie Unterstützung anderswo: bei anderen Frauen. Die neue Arbeitsteilung im Privaten, die sich in den letzten Jahrzehnten immer mehr etabliert hat, sieht so aus: Die Frauen der Mittelschicht, gut ausgebildet und berufsmotiviert, delegieren einen Teil der Familienaufgaben an Hilfskräfte. Um den Alltag zu bewältigen, werden oft ganze Netzwerke von Unterstützerinnen eingesetzt (Tagesmutter, Au-pair-Mädchen, Babysitter, dazu Schwester und Schwiegermutter als letzte Reserve).

Wer sich ein solches Arrangement leisten kann, hat es zweifellos leichter. Doch es erzeugt auch eigenen Aufwand. Die Frau wird zur Verantwortlichen in einem Kleinunternehmen. Sie muß die Stundenpläne, Arbeitszeiten, Ferienzeiten, die Daten der Dienstreisen, Schulfeiern, Kindergeburtstage notieren, mit der Verfügbarkeit der Hilfskräfte koordinieren, muß anpassen bei wechselndem Bedarf und für den Notfall Ersatzkräfte parat haben. Das alles erfordert beträchtliche Mengen an Nerven und Kraft, nicht zuletzt viel Organisationstalent und Planungsverhalten, sonst bricht das ganze komplizierte Gebäude zusammen.[33]

Transnationale Betreuungsketten

Schaut man genauer hin, so kommen die Helferinnen heute immer seltener aus dem direkten Umfeld, sondern – jedenfalls in der städtischen Mittelschicht – von weit her. Es sind Frauen aus der zweiten und dritten Welt, die in der ersten Welt Erwerbschancen suchen: Frauen aus Polen oder Rumänien, aus Mexiko oder Sri Lanka, die in Italien, Großbritannien, Deutschland, in Hongkong oder Kalifornien Arbeiten im privaten Haushalt verrichten.[34] Hinter diesem Arrangement steht die sich vergrößernde Kluft zwischen armen und reichen Nationen, die soziale Ungleichheit im Zeitalter der Globalisierung. Und weil die westlichen Nationen sich durch immer restriktivere Migrationsgesetze nach außen abzuschotten versuchen, bewegen sich viele dieser Frauen in den Grauzonen zwischen Legalität und Illegalität. Entsprechend prekär und unsicher ist ihr Status, vielfach von Entdeckung und Ausweisung bedroht. Wie dieses Muster in Deutschland aussieht, hat die Soziologin *Maria S. Rerrich* analysiert:

«Auf der einen Seite existiert ein struktureller Grundzuschnitt des deutschen Wohlfahrtsstaats, der der Berufstätigkeit von Familienfrauen nach wie vor den Status einer Ausnahme zuweist. Dieser patriarchale Webfehler unserer Gesellschaft führt zu erheblichen Belastungen im Alltag von Millionen berufstätiger Frauen. Diese werden, sofern sie es sich irgendwie leisten können, notgedrungen jeweils individuelle Entlastung suchen. Auf der anderen Seite exi-

stiert eine staatliche Integrationspolitik, die so aussieht, dass vielen Ausländerinnen nur eine Beschäftigung im informellen Sektor in privaten Haushalten verbleibt. Ceteris paribus kommen im Reproduktionsbereich also vermutlich Angebot und Nachfrage zusammen, indem zwei strukturell bedingte Notlagen unterschiedlicher Gruppen von Frauen aufeinandertreffen».[35]

Dabei ist für die Lebenssituation nicht weniger der Arbeitsmigrantinnen kennzeichnend, daß sie selbst Kinder haben, die sie in der Heimat zurücklassen. Wie einschlägige Studien zeigen, sind es vielfach gerade die Kinder, die den Anstoß zur Migration gaben: Die Frauen wollen Geld verdienen, um den Kindern eine bessere Zukunft bieten zu können. Dafür nehmen sie lange Zeiten der Trennung und das Leben in der Fremde mit seinen Belastungen in Kauf. Wie aber werden die Kinder während der Monate oder Jahre der Trennung versorgt? Wiederum über neu entstehende Formen der Arbeitsteilung zwischen den Frauen. In der Regel setzen die Migrantinnen andere Frauen ein, die an ihrem Heimatort leben (Großmütter, Schwägerinnen, Nachbarinnen). Indem sie diese mit Geld und sonstigen Geschenken unterstützen, versuchen sie, Betreuungsdienste für die eigenen Kinder zu sichern. In der Folge entstehen transnationale Formen der Mutterschaft[36] und globale Betreuungsketten,[37] die sich über Länder und Kontinente spannen.

Angesichts der beschriebenen Bedingungen ist zu erwarten, daß sich in Zukunft immer mehr Formen solcher privaten internationalen Vernetzung herausbilden werden. Wo die Grenzen zwischen Ost und West fallen, wo arme und reiche Nationen näher zusammenrücken (und selbst eine restriktive Abschottungspolitik wird dies auf Dauer kaum ändern), da werden die Wohlstandsländer des Westens starke Anziehungskraft haben. Solange in diesen Ländern gleichzeitig die öffentliche Infrastruktur fehlt, die den einheimischen Frauen eine gleichberechtigte Berufsteilhabe erlaubt, so lange werden diese Frauen gezwungenermaßen nach privaten Nischen, Notlösungen, Überlebensstrategien suchen. In dieser Konstellation, angesichts einer «unfertigen sozialen Revolution»[38] im Bereich der Geschlechterverhältnisse, werden Frauen aus anderen, ärmeren

Ländern zunehmend zu einer wichtigen «Berufsressource» für Frauen in den Wohlstandsregionen der Welt.

4. Ausblick

Man kann die Geschichte der letzten 40 Jahre in leuchtenden Farben schildern: Dank Pille wurden die Frauen von der Last ungewollter Schwangerschaften befreit. Dank der politisch-institutionellen Veränderungen, die allmählich durchgesetzt wurden, ist die Verbindung von Kind und Erwerbstätigkeit um einiges leichter geworden. Dank der wachsenden Zahl von Arbeitsmigrantinnen können Frauen der ersten Welt einen Teil der Aufgaben von Haushalt und Kindererziehung delegieren.

Man kann dieselbe Geschichte aber auch in düsteren Farben ausmalen. Demnach sind durch die Verheißung der leichten Verhütung immer mehr Frauen zu Klientinnen der höheren Medizintechnologie geworden. Die Arbeitswelt steht unter dem Diktat von Flexibilisierung und Deregulierung und ist im Ergebnis noch stärker kinderfeindlich geworden. Im privaten Haushalt verlangt der Einsatz diverser Helferinnen immer mehr Organisationsaufwand und Planungsverhalten; und er erzeugt neue Formen der sozialen Ungleichheit zwischen den Frauen, das Wohlstandsgefälle zwischen armen und reichen Nationen reicht bis in die Küchen und Kinderzimmer hinein.

Welche dieser Darstellungen ist richtig? Beide enthalten, so meine ich, je einen Ausschnitt der Wahrheit. Aber ob man nun die eine Variante wählt oder die andere, soviel zumindest ist wohl offensichtlich geworden: Solange die Rahmenbedingungen weiter so sind, wie sie sind – solange Kinder hierzulande spät eingeschult werden, dafür mittags schon früh aus der Schule kommen; solange die Allgegenwart der Mutter mythisch verklärt wird und berufstätige Mütter als Rabenmütter stigmatisiert werden; solange die Väter wenig Bereitschaft zur Hausarbeit zeigen und die Elternzeit ganz der Frau überlassen –, so lange bedeutet Kinderhaben für Frauen ein Risiko, ein enormes biographisches Wagnis.

Es liegt in der Konsequenz dieser Einsicht, wenn Frauen heute zunächst einmal abwarten und die eigene Existenzgrundlage zu sichern versuchen, bevor sie in immer späteren Jahren mit dem Kinderhaben beginnen – oder am Ende vielleicht auch kein Kind bekommen.

VIII. Zukunftsaussichten

1. Enttäuschte Erwartungen oder: Die Unzufriedenheit der zweiten Generation

Wenn die Bilanz des Wandels ambivalent ist, wie eben beschrieben, kann man entweder sagen, daß das Glas halb voll ist (die optimistische Variante) – oder daß es halb leer ist (die pessimistische Variante). Wer welcher Sichtweise zuneigt, ist nicht nur von Persönlichkeitseigenschaften abhängig, sondern auch von Alter, Geschlecht usw. Für unseren Zusammenhang, für den Kinderwunsch, lautet die entscheidende Frage: Wie schätzen die Frauen der jüngeren Generation das Ergebnis des Wandels ein?

Die Antwort, so kann man mit guten Gründen vermuten, heißt knapp zusammengefaßt: In den Augen vieler der jungen Frauen sieht das Glas halb leer aus. Weil sie mit dem Credo der Chancengleichheit aufgewachsen sind, weil sie diese schon selbstverständlich zum Maßstab nehmen, sind die historischen Fortschritte eine Art Hintergrundrahmen, den sie gar nicht mehr wahrnehmen. Was ihnen dagegen auffällt, sind die Defizite, die Mängel, die nicht eingelösten Verheißungen.

Dazu ein ausführliches Beispiel. Es handelt von einem Mutter-Tochter-Dialog, in Form eines Briefwechsels geschrieben und soeben als Buch erschienen – eindringliches Dokument der Perspektivenverschiebung, die im Wechsel von einer Frauengeneration zur nächsten sich durchgesetzt hat. *Maya Onken,* die Tochter, ist eine Erwachsene jüngeren Alters, berufstätig und selbst Mutter zweier Kleinkinder, damit in der Hochphase der Doppelbelastung. Streß auf allen Seiten, Streß an allen Fronten, das Leben ein Dauerlauf ohne Pausen – das ist die Leitmelodie ihrer Aussagen. Ihr Part ist die Klage, ihre Sätze sind aufgeladen mit Wut und Enttäuschung. Das Buch beginnt mit ihrem ersten Brief an die Mutter, und schon die ersten Sätze handeln von der Sehnsucht nach Freiraum – nach einem Stück eigenem Leben.

«Warum hast du mich nicht davor gewarnt ... WARUM HAST DU MIR NICHT GESAGT, WAS ES HEISST, EINE MUTTER ZU SEIN? ... Kein Ton von dem kalten Wunsch, endlich mal wieder sich selbst zu sein, unbeschwert ohne Verpflichtung und Verantwortung ... einfach eine Woche für sich allein oder einfach ein Gespräch, in dem es nicht um Kinder geht.»[1]

Im weiteren Verlauf betrachtet *Maya Onken* die Ziele, die ihre Erziehung bestimmten. Vor allem, so stellt sie fest, war es eine Erziehung zur Selbständigkeit – und indem diese gelang, ja gerade weil sie gelang, war von Anfang an ein Konflikt vorprogrammiert: Für die Anforderungen der Mutterrolle war sie falsch ausgerüstet.

«Auf dieses Anforderungsprofil hast du mich nicht vorbereitet. Du hast meinen Individualismus gefördert, der mir nun dauernd in der Selbstaufgabe für meine Kinder fehlt. Du hast mein Selbstvertrauen aufgebaut, alles Job- und Lebenstechnische mit links zu meistern, nur den Küchenteil hast du dabei vergessen. Du hast meine Intelligenz geweckt, meine kreative Seite gefördert, mich die Frau werden lassen, die ich heute bin. Alles wunderbar. Nur leider sind für das Muttersein diese Eigenschaften nur bedingt tauglich und förderlich».[2]

Die Briefe der Mutter dagegen sind von einer ganz anderen Grundstimmung geprägt. *Julia Onken*, die Mutter, ist erfolgreiche Schriftstellerin, aus der 68er-Generation kommend, eine frühe Mitstreiterin der Frauenbewegung. Obwohl sie die Leiden der Doppelbelastung selbst hinreichend erlebt hat, überwiegen in ihrer Wahrnehmung das Gefühl des Aufbruchs und die Euphorie, die aus dem Aufbruch entstand.

«Das Gefühl, endlich der Hausfrauengaleere zu entkommen, endlich beruflich mitzuhalten, mich zu entfalten, [war] derart berauschend, dass es mir nicht einmal in den Sinn gekommen wäre, mich ...

zu beklagen ... Emanzipation war die totale Verweigerung, sich
wie unsere Mütter und Großmütter die Flügel stutzen zu lassen und
wie Suppenhühner auf dem Boden zu hocken ... Die Überforde-
rung, daß wir neben unseren gewonnenen Luftfreiräumen gleich-
zeitig auch noch das Bodenprogramm mit Haushalt und Familie zu
bewältigen hatten, haben wir dank der Morgenluftwitterung nicht
wahrgenommen ... Die Freude über die neu gewonnene Freiheit
war zu groß, betäubte sämtliche Schmerznerven».[3]

Im selben Land lebend, sehen Mutter und Tochter, die Ältere und
die Jüngere, die Umbrüche im Frauenleben in ganz verschiedenem
Licht. Um die Unterschiede der Perspektiven zu verstehen, kann
ein kurzer Exkurs in den Bereich der Migrationsforschung lohnend
sein. Wir können dann eine überraschende Parallele entdecken: Wie
neuere Studien gezeigt haben, gibt es bei Migranten verschiedener
Generationen eine ähnliche Differenz der Perspektiven.[4] Wo es um
die Einschätzung der eigenen Lebenssituation geht, ist in der älteren Generation die Zufriedenheit vergleichsweise stark ausgeprägt,
in der jüngeren Generation dagegen wird deutlich mehr Unzufriedenheit sichtbar. Und dies, obwohl es den Jüngeren oft objektiv
besser geht als den Alten, an Kriterien wie Einkommen, Wohnstan-
dard, Arbeitsbedingungen gemessen.

Diese Differenz zwischen dem Urteil der einen und dem Urteil
der anderen hat einen einfachen Grund: unterschiedliche Maßstäbe.
Die erste Generation, die aus der alten Heimat wegging, um anderswo Arbeit und Einkommen zu finden, diese Generation der
Pioniere hat noch selbst erfahren, wie arm, mühsam und eng das
Leben damals war. Daran gemessen ist das Leben im neuen Land
leichter, zumindest kein täglicher Überlebenskampf mehr, auch
wenn sie nun vielen Formen der Diskriminierung ausgesetzt sind.
Anders dagegen die Kinder, die zweite Generation der Migranten.
Sie kennen die Entbehrungen der früheren Zeit, wenn überhaupt,
nur aus Erzählungen, oder auch gar nicht. Sie sind im neuen Land
aufgewachsen, mit seinen Konsumangeboten, Einkommenschan-
cen, Wohlstandsverheißungen; und müssen dann immer wieder erfahren, daß sie nur bis in die Randzonen der Mehrheitsgesellschaft
gelangen, so als gäbe es einen geheimen Sortierplan, in dem für sie

stets die schlechteren Plätze reserviert sind. Die Gleichzeitigkeit von allgegenwärtigen Verheißungen und vorenthaltenen Chancen ist verwirrend, ja demütigend, erzeugt Enttäuschung bis zu trotzigem Rückzug. Während die Älteren die alte Heimat zum Vergleichsmaßstab haben, vergleichen sich die Jüngeren mit den jungen Männern und Frauen der Mehrheitsgesellschaft. Daher die unterschiedlichen Bilder, die unterschiedlichen Bewertungen: Der Stachel der Diskriminierung trifft die Jüngeren mehr.

Und genau diese Verschiebung der Maßstäbe finden wir auch bei den Frauen. Weil die Älteren, die in der Nachkriegszeit aufwuchsen, noch ihre Mütter und Großmütter vor Augen haben – flügelgestutzt, abhängig gemacht, in der Sorge für die Familie verbraucht –, erscheint ihnen die leise Öffnung von Chancen, die in ihrer Jugend einsetzte, als Schritt nach vorn und spürbarer Gewinn. Anders dagegen die Jüngeren. Für sie sind die Entbehrungen der vorangehenden Frauengenerationen ferne Geschichte, eine Erzählung aus den Tiefen des Mittelalters. Zu Selbständigkeit und Selbstbewußtsein erzogen, im Bildungssystem ebenso erfolgreich wie ihre männlichen Altersgenossen, ja oft erfolgreicher, vergleichen die jüngeren Frauen ihren eigenen Weg mit dem der Männer – und müssen erleben, daß immer noch die Männer es sind, die schneller vorankommen, weiter vorankommen, während sie selbst zurückbleiben, weil aufgehalten/behindert durch Familienaufgaben. Dazu noch einmal *Maya Onken,* nun ihre Stellung in der Betriebshierarchie betrachtend. Ihr Urteil ist kurz, prägnant und sehr ernüchtert: «Ewig Nr. 2».

Mit der Ankunft eines neuen Chefs kam die große Gelegenheit, *«jetzt könnte ich verhandeln. Mehr Lohn fordern. Konditionen raushauen ... [Aber] Ich kann keine Konditionen rausschinden, weil ich Kinder habe. Ich kann null Flexibilität aufweisen. Andere Arbeitszeiten bringe ich nur mit mindestens einer Woche Vorlaufzeit ... zustande. Mehr Lohn fordern kann ich nicht, denn meine Kapazität [für Abendtermine, kurzfristig angesagte Dienstreisen] ... ist gleich Null. 8 Uhr Krippe auf, 18 Uhr Krippe zu. Das kann ich dazu sagen ... Somit bin ich zwar in einer fantastischen Ausgangslage für einen weiteren Karriereschritt, aber ich kann ihn einfach nicht unternehmen. Und somit bleibt die Zwei wohl ewig meine Nummer ... Und Platz 1 ist ganz bestimmt ein Mann, dessen Frau die Kinder betreut. Oder auch ... der Single mit ... null Verpflichtungen und überhaupt keinem Zeitgefühl für Feierabend oder Wochenende».*[5]

Im Austausch der Briefe und der Erfahrungen kristallisiert sich allmählich heraus, woher die Gefühle von Wut, Enttäuschung, Erbitterung kommen, die bei Frauen der jüngeren Generation sich anstauen. *Julia Onken*, die Mutter, bringt den Kontrast der Generationenerfahrungen genau auf den Punkt:

«Während wir Alt-Emanzen noch betäubt vor Glück waren, endlich alles, was an Fähigkeiten in uns steckte, umzusetzen, nimmt Deine Generation – oder wenigstens einige von ihnen – die immense Überforderung wahr und jault auf. Ihr habt Euch bereits daran gewöhnt, daß theoretisch die Türen für alle beruflichen Bereiche offen stehen. In dem Moment aber, wo Frauen Mütter werden, beginnt sich die Falle ... zuzuziehen».[6]

Die Frauen der jüngeren Generation, mit dem Versprechen von Gleichberechtigung, Chancengleichheit, eigenem Leben aufgewachsen, haben darauf ihre Zukunftspläne gebaut – bis sie dann schmerzhaft feststellen müssen, daß diesem Versprechen ein kleingedruckter Hinweis anhängt: Gilt nicht für Mütter! Daher nun die Enttäuschung, nicht deshalb, weil alle Frauen die große Karriere anstreben und in der Betriebshierarchie die Nummer eins werden wollen; aber deshalb, weil bestimmte Rechte und Freiheiten bisher selbstverständlich zu ihrem Leben gehörten, vom eigenen Geld bis zur Verfügung über eigene Zeit; bis dann mit dem Kind die große Wende einsetzt. Die Experten des «Siebten Familienberichts» haben dies so formuliert:

Der Übergang zu Mutterschaft verlangt *«Verschiebungen in den bis dahin entwickelten Prioritäten ... Die Lebensgestaltung von Frauen [wird] durch die Familiengründung wesentlich stärker verändert als die der Männer. Während sich der Alltag der Väter durch die*

Geburt des ersten Kindes nur wenig verändert – insbesondere set-
zen sie ihre berufliche Tätigkeit weitgehend unverändert fort – er-
leben die Frauen eine umfassende Umstrukturierung ihres Alltags,
die nahezu alle Lebensbereiche betrifft ... [Auch heute noch] gilt,
daß die Realisierung des Kinderwunsches ... vorrangig den weib-
lichen Lebenslauf durcheinander schüttelt und den männlichen
vorrangig erwerbsorientierten stabilisiert».[7]

Deshalb wird Muttersein – in der hier und heute üblichen Form –
zur großen biographischen Kehrtwende, ja vielfach gleichbedeu-
tend mit der Aberkennung vertrauter Rechte und Privilegien. Mit
einem Mal keine Freizeit mehr im Sinn freier Gestaltung, statt dessen Dauerverantwortung für das Kind; mit einem Mal der Alltag
auf den Radius einer Drei-Zimmer-Wohnung beschränkt (oder auf
die Doppelhaushälfte einer Neubausiedlung am Stadtrand); plötzlich auch kein eigenes Einkommen mehr oder nur noch spärliche
Reste davon, statt dessen finanzielle Abhängigkeit; plötzlich die in
langen Jahren erworbene Ausbildung nicht mehr gefragt und nicht
mehr gebraucht, statt dessen Bilderbuch-Sandkasten-Spielplatz,
das kleinkindgerechte Dauerprogramm.

Nach den Theorien des 18. und 19. Jahrhunderts, die Botschaft
vom weiblichen Wesen verkündend, müßte diese Umstellung den
Frauen leichtfallen, denn jetzt endlich kehren sie zu ihrer wahren
Bestimmung zurück. Aber die vorliegenden Studien und Erfahrungsberichte zeichnen ein anderes Bild. Zusammenfassend heißt
es im «Siebten Familienbericht»: Im Gefolge von Mutterschaft/El-
ternschaft schleichen sich bei vielen Paaren traditionelle Formen
der Rollenaufteilung ein, und zwar nicht als Ergebnis von Abspra-
che und Übereinkommen, sondern eher allmählich und unterderhand. Deshalb finden die Mütter «sich einige Jahre nach der Familiengründung nicht selten in einer Lebenssituation wieder, die sie
so nicht gewollt und für die sie sich nicht bewußt entschieden
haben».[8]

Das aber hat demographische Folgen: Enttäuschung ist kein
Klima, das den Kinderwunsch fördert. Man nehme noch einmal
Maya Onken: Sie, deren Aussagen zentral um das Thema der vor-
enthaltenen Chancen und nicht eingelösten Verheißungen kreisen,

sieht aus diesem Blickwinkel auch die Demographie-Debatte in den Medien, und zwar als den «fast hysterischen Aufruf von mittelalterlichen Herren nach mehr Kindern». Ihr Kommentar dazu lautet, daß ihr der Geburtenrückgang «TOTAL einleuchtet», und *Onken* erklärt ihn folgendermaßen: Um nicht in ihren Bedürfnissen, Interessen, Wünschen noch mehr beschnitten zu werden, haben «die Frauen die Notbremse gezogen. Sie kriegen einfach keine Kinder mehr». Entsprechend sieht *Onken* auch die zukünftige Entwicklung. Die Geburtenrate, so ihre Erwartung, wird noch «weiter sinken ..., wenn die Bedingungen für die berufstätige Frau weiterhin so schwierig ... bleiben».[9]

Nur eine Einzelstimme, nicht mehr? Die Ergebnisse empirischer Studien sprechen dafür, daß Onkens Einschätzung zutreffend sein könnte. Neuere Studien finden nämlich: Nicht nur die Geburtenzahlen, sondern auch die Kinderwünsche gehen zurück. Während noch vor einigen Jahren das Resultat von Befragungen war, daß sich Frauen deutlich mehr Kinder wünschten, als sie dann später bekamen, haben die Frauen inzwischen ihre Wünsche offenbar «realistischer» gestaltet, sprich nach unten angepaßt.[10] Konkret in Zahlen gefaßt: Bei Frauen im Alter von 20 bis 39 Jahren, also in den für Mutterwerden entscheidenden Jahren, lag noch im Jahr 1988 die gewünschte Kinderzahl bei einem Durchschnittswert von 2,15 – und im Jahr 2005, also nicht einmal zwei Jahrzehnte danach, war der Durchschnittswert schon auf 1,75 zurückgegangen.[11]

Also nirgendwo Anzeichen, daß die Geburtenzahlen sich wieder nach oben bewegen. Eher könnte der Geburtenrückgang im Lauf der Jahre noch zunehmen.

Man muß nicht zu schrillen Alarmrufen à la *Schirrmacher* neigen, um zu erkennen, daß in dieser Konstellation Risiken beträchtlichen Ausmaßes angelegt sind. Seriöse Kommissionen und Untersuchungsberichte haben seit langem gezeigt: Das Problem ist nicht, daß wir weniger werden, sondern daß sich die Altersstruktur der Bevölkerung in enorm schnellem Tempo verschiebt.[12] Wir befinden uns «inmitten einer demographischen Revolution, die früher oder später jedes Gesellschaftsmitglied und jeden Gesellschaftsbereich treffen wird. Diese Revolution ist das unerbittliche Altern unserer Bevölkerung».[13] Indem die demographische Revolution das gesellschaftliche, soziale, politische System vor enorme Herausforderungen stellt, erzeugt sie Erschütterungen, Verwerfungen, Risse. Zu erwarten sind schmerzhafte Einschnitte und ökonomische Einbußen, politische Kontroversen und drängende ethische Fragen.[14]

Was also tun? Oder genauer gefragt, auf die bisherigen Überlegungen bezogen: Welche Möglichkeiten gibt es, den enttäuschten Erwartungen und ihren demographischen Folgen entgegenzuwirken?

Wenn man die Vorschläge betrachtet, die dazu gegenwärtig in Politik und Medien kursieren, so kann man sie, grob zusammengefaßt, nach zwei Modellen sortieren. Beide Modelle versuchen, einen Ausweg aus den enttäuschten Erwartungen der jungen Frauen zu finden – doch sie versuchen dies in höchst unterschiedlicher, ja gegensätzlicher Weise. Im folgenden will ich die Inhalte und Erfolgsaussichten dieser beiden Modelle betrachten.

2. Modell I: Vorwärts zurück zur Sonderrolle der Frau

Schirrmachers Buch, mit dem die Demographiedebatte begann, erklärt Frau und Familie zur naturgewollten, gesellschaftsrettenden Einheit, Selbstlosigkeit und Aufopferungsfähigkeit zur vornehmsten Aufgabe der Frau. Das aber heißt, die Frau wird aus der Welt der Moderne entlassen, aus den damit verbundenen Anforderungen wie Verheißungen, und in ein Reservat des Privaten eingewiesen.

Bekanntlich hat *Schirrmacher* inzwischen Mitstreiter in der öffentlichen Arena gewonnen. Erst die großangelegte Unterstützungsaktion von seiten des SPIEGELs; dann die Nachrichtensprecherin *Eva Herman*, die den Biologismus à la *Schirrmacher* durch eine verkitschte Idylle des 19. Jahrhunderts ergänzt, Geschichten von des Mannes Stärke und des Weibes Anlehnungsbereitschaft.[15] Wie in den Medien berichtet,[16] hat sich Frau *Herman* inzwischen von ihrem Job beim Fernsehen beurlauben lassen, um – inspiriert von *Schirrmachers* Buch, vielleicht auch von seinem Erfolg – ihre eigenen Thesen zu einem Buch auszuweiten. Nachdem sie sich auch schon früher als Autorin betätigt hat – «Vom Glück des Stillens» und «Mein Kind schläft durch» hießen die vorangehenden Bücher –, will sie sich im neuen Werk ausführlich mit dem Thema Geschlechterrollen befassen, um «die Familie und damit die ganze Gesellschaft vor dem Aussterben zu bewahren», so die Vorankündigung des Verlags. Der Titel verheißt Weiblichkeit à la *Herman*: «Das Eva-Prinzip». Wir ahnen, was die Lernziele sind.

Wenn die Rechnung aufgeht und die gezielte Provokation sich in Verkaufszahlen umsetzen läßt, werden *Schirrmacher,* SPIEGEL und Frau *Herman* vielleicht bald weitere Nachfolger finden. Deshalb lohnt es sich, ihr Programm genauer zu betrachten: Trotz der Variationen im einzelnen gibt es einen gemeinsamen Kern. Es ist die Sonderrolle der Frau – eine Mixtur aus Selbstlosigkeit, Weiblichkeit und Gebärmutterverdienstkreuz.

Nun mag dieses Modell zwar schlicht sein, aber es besitzt zweifellos eine innere Logik. Im Bezugsrahmen der bisherigen Überlegungen formuliert: Wenn es gelingt, die Frauen der nachwachsenden Generation auf «weibliche» Werte und Aufgaben einzuüben, werden die Erwartungen, was Gleichberechtigung und Chancengleichheit angeht, nicht hochwachsen und wuchern, sondern wieder bescheidener werden. Wo aber keine großen Erwartungen sind, da können auch keine großen Enttäuschungen aufkommen – und die Frauen sind wieder zum Kinderhaben bereit.

Die Frage ist allerdings, wie dieses Modell umgesetzt werden kann. Das bleibt in den vorliegenden Entwürfen im Dunkeln, deshalb müssen wir selbst nach passenden Vorschlägen suchen. Vielleicht geschickt inszenierte Werbekampagnen, von Internet-Spots über Volkshochschulkurs, die mehr oder minder direkt, mehr oder minder subtil als Grundmelodie immer wieder das Hohelied wahrer Weiblichkeit anstimmen. Vielleicht staatlich finanzierte Aufklärungsseminare, «Bewußtsein für Frauen» genannt, die in vielerlei Variationen, z.B. nach Bildungsstand oder Schichtzugehörigkeit differenziert, Werte wie Bescheidenheit preisen. Vielleicht könnte man auch Bücher wie die von Herrn *Schirrmacher* und Frau *Herman* aus öffentlichen Mitteln subventionieren und in Schulen, Jugendclubs, Bibliotheken auslegen.

Solche Vorschläge haben einen Beigeschmack von Satire, und

dies nicht zufällig. Wir beginnen zu ahnen: Für die gesellschaftliche Wirklichkeit heute sind sie nicht tauglich. Die jungen Frauen, so darf man vermuten, werden derlei Werbekampagnen vielleicht ärgerlich finden, vielleicht lustig, sie werden sie mit einer Mischung aus Faszination und Fassungslosigkeit betrachten oder gar nicht beachten – aber sie werden sie nicht ernst nehmen und schon gar nicht sich davon beeinflussen lassen. Sie werden vielmehr so reagieren wie die Millionen von katholischen Frauen, die das päpstliche Verbot der Pille hören – und sich nicht daran halten. Verordnete Selbstlosigkeit? Da können diejenigen Frauen, die gerade im Wettbewerb um Praktika und Berufseinstieg sich durchsetzen sollen, nicht einmal lachen. Und möglicherweise werden einige die Bilder inszenierter Häuslichkeit so ärgerlich, peinlich, abschreckend finden, daß ihr Kinderwunsch schrumpft, obwohl er bis dahin durchaus vorhanden war. Am Ende käme dann ein ganz anderes Ergebnis zustande als das erhoffte. Das hat schon die Journalistin *Susanne Gaschke* vermutet, als sie sich zur Demographie-Debatte äußerte: «Die Propagandaschlacht für die Fortpflanzung … ist geeignet, noch die letzten Reste von Familienbegeisterung zunichte zu machen».[17]

Kurz, die jungen Frauen von heute sind schon verdorben, sprich von den Erwartungen an Gleichberechtigung, Chancengleichheit, eigenes Leben infiziert. Sie werden sich durch sanfte Seelenmassage kaum umstimmen lassen. Mit dem Programm «Sonderrolle light» kommt man nicht weit.

Also muß man zu stärkeren Maßnahmen greifen. Wie könnte das aussehen? Kleines Gedankenspiel, um der Phantasie freien Lauf zu lassen: Man müßte weit vorher ansetzen, in den eigentlich prägenden Jahren, um schon die Anfänge weiblichen Freiheitsdrangs abzuwehren. Das heißt, konsequent weitergedacht: Wir brauchen eine pädagogische Wende, ein bewußtes Zurück zur geschlechtsspezifischen Erziehung und ihren Zielen. Um den Erfolg sicherzustellen, sind alle Bildungsinhalte, die selbständiges Denken fordern und fördern, aus dem Lehrplan zu streichen. Oder noch besser – man sollte den Besuch weiterführender Schulen für Mädchen verbieten. Und auch das Bücherlesen verbieten, weil dieses zu eigenem Denken – und eigenen Wünschen, eigenen Ansprüchen – anstiften könnte.

Das wäre dann die Sonderrolle in ihrer verstärkten Version.

Man ahnt schon, auch diese Version wird keinen Erfolg haben. Zum einen verstößt sie gegen das Gesetz, weil sie elementare Grundrechte beschneidet. Zweitens steht sie im Widerspruch zur historischen Erfahrung: Wenn sich die «halbierte Moderne»[18] schon im 19. Jahrhundert nicht hat durchsetzen lassen, wie sollte dies heute möglich sein, zwei Jahrhunderte und einige Modernisierungssprünge später? Und drittens, was ist mit den Männern: Wie viele der Jüngeren wollen ein Familienmodell, das ihnen lebenslang die Rolle des Alleinverdieners/Hauptverdieners verordnet? Wie viele dagegen wollen lieber ein anderes Modell, bei dem auch die Partnerin wesentlich zum Einkommen beiträgt? Schließlich, viertens, zu Wirtschaft und Arbeitswelt: Im Zeitalter von Globalisierung und Technisierung besteht kaum Bedarf an Arbeitskräften, deren Hauptqualifikation Weiblichkeit heißt. Wenn aber die Frauen untauglich sind, wer soll sie ersetzen? Wenn die geschlechtsspezifische Erziehung wieder durchgesetzt wird, wie wird dann die Berufswelt aussehen, wer wird die Arbeit der Krankenschwestern und Ärztinnen, der Friseusen und Lehrerinnen – und der vielen sonstigen berufstätigen Frauen – übernehmen?

Sobald man fragt, wie das Modell «Sonderrolle der Frau» in der Praxis aussehen könnte, wird schnell offenbar: Dies Modell wird sich nicht umsetzen lassen, weder in seiner milderen noch in seiner stärkeren Form. Es ist ein nostalgischer Mythos, untauglich für die gesellschaftliche Wirklichkeit heute. Und auch wenn einige noch so gern träumen: Mit dem Modell einer Sonderrolle der Frau wird sich der Geburtenrückgang nicht aufhalten lassen. Es ist eine Sackgasse, nicht der gepriesene Ausweg.

3. Modell II: Je näher zur Gleichberechtigung, desto mehr Kinder

Auf ganz andere Empfehlungen stößt man, wenn man wissenschaftliche Untersuchungen betrachtet. Man nehme als prominentes Beispiel den «Siebten Familienbericht», die Summe des aktuellen Expertenwissens. Er besitzt zwar, was das Verständnis nicht immer erleichtert, alle Merkmale der hohen Wissenschaftsprosa: Die

Sätze sind lang, vielfach verschachtelt, voller Nebensätze und Einschübe, voll wissenschaftlicher Vorsicht und politischer Rücksicht. Dennoch lassen sich darin Empfehlungen entdecken, was Geburtenrückgang und Geschlechterverhältnisse angeht. Auf den Kern zusammengefaßt: Um die Bereitschaft zum Kinderhaben zu stärken, ist eine Familienpolitik nötig, die dem Wandel im Geschlechterverhältnis Rechnung trägt und mehr partnerschaftliche Formen zuläßt.

«Die Zukunft von Familiengründungen dürfte ... davon abhängen, wieweit Familie von erwerbs- und familienbeteiligten Personen neu gedacht werden kann ... [Es] geht darum, ... Chancen zur partnerschaftlichen Konstruktion von Familie zu stärken. Andere europäische Länder ... haben die Zeichen der Zeit früh erkannt und die Erwerbs- und Familientätigkeit beider Eltern ebenso als Normalfall zu stützen begonnen wie die außerhäuslichen Förderarrangements für Kinder».[19]

Nehmen wir zwei weitere Expertenberichte, beide direkt dem Rückgang der Geburtenzahlen und der Kinderwünsche gewidmet. Beide sind überraschend klar und unmißverständlich in der Präsentation ihrer Befunde – und erst recht im Inhalt der Aussagen. Die Studie «Kinderwünsche in Deutschland», am Bundesinstitut für Bevölkerungsforschung durchgeführt, nennt an erster Stelle ihrer Empfehlungen: «Nötig ist mehr Gleichberechtigung».[20] Ähnlich die Studie «Emanzipation oder Kindergeld?», am Berlin-Institut für Bevölkerung und Entwicklung durchgeführt: Ihr Fazit lautet, daß eine Politik, die auf Emanzipation setzt, weitaus wirksamer ist als finanzielle Leistungen.

«In allen westeuropäischen Ländern verzichten Frauen heute eher auf Kinder als auf Selbständigkeit und berufliche Entwicklung ... Um Menschen in modernen Industriegesellschaften zu höheren Kinderzahlen zu motivieren, scheint weniger die Höhe von Geburtenprämien, Kindergeld und sonstigen Transferleistungen entscheidend zu sein. Ausschlaggebend ist eher die Gleichstellung von Frauen und Männern in der Gesellschaft».[21]

Partnerschaft, Gleichberechtigung, Emanzipation – das sind die Empfehlungen der wissenschaftlichen Experten, um dem Geburtenrückgang entgegenzuwirken. Das heißt übersetzt, im Bezugsrahmen unserer bisherigen Überlegungen formuliert: Es geht darum, die Erwartungen der jüngeren Frauen – an Selbständigkeit und eigenes Leben – aufzunehmen und lebbar zu machen. Hier haben wir das zweite Modell, die Gegenversion zu Thesen à la *Schirrmacher:* Hier soll die Kluft zwischen erwarteter Chancengleichheit und tatsächlicher Chancengleichheit nicht durch ein Weniger auf seiten der Erwartungen eingelöst werden – sondern durch ein Mehr bei der Einlösung. Die Losung heißt nicht, die Erwartungen der Frauen zurückstutzen, sondern im Gegenteil: sie institutionell unterstützen, sie gezielt ins Zentrum der politischen Anstrengungen rücken.

Partnerschaft, Gleichberechtigung, Emanzipation – die Stichworte lesen sich, als wären sie der frauenbewegten Literatur der 70er Jahre entnommen. Und nun, welch wundersame Verwandlung, kehren sie wieder zurück in ganz anderer Gestalt: als Aussagen der wissenschaftlichen Experten. Statt des revolutionären Pathos nun die nüchtern sachliche Aussage, auf empirische Daten gestützt, eine Faktenbilanz der aktuellen gesellschaftlichen Lage. Die Botschaft der Experten heißt schlicht: Wenn die moderne Gesellschaft mehr Kinder will, muß sie dafür mehr Gleichberechtigung bieten. Das eine ist nicht ohne das andere zu haben.

Wenn diese Botschaft tatsächlich in praktisch-politisches Handeln umgesetzt wird, dann wird, quer durch die verschiedensten gesellschaftlichen Bereiche, ein Beben zu spüren sein: Ein Umbau der Institutionen wird nötig, konsequent auf Gleichberechtigung als Leitziel ausgerichtet. Man lese dazu die Empfehlungen des «Siebten Familienberichts». Was da in vielen Verästelungen ausgeführt wird, detailreich bis in die verschiedensten Politikfelder hinein, basiert im Kern stets auf derselben Einsicht. Alle Möglichkeiten neuer Formen des Lebenslaufs, der Partnerbeziehung, der Elternschaft, so diese Einsicht, sind eingebunden in das Netz der gesellschaftlichen Institutionen, in die Vorgaben von Sozialstaat, Bildungssystem, Arbeitswelt, Rechtsprechung usw. Deshalb ist gezieltes politisches Handeln gefordert, um das eherne Gehäuse der institutionellen Vorgaben, im Lauf der Geschichte gewachsen, beweglich zu machen und für die neuen Erwartungen zu öffnen. Man nehme als Beispiel die Einführung der Vätermonate, eine Initiative, die wohl nicht zufällig zunächst auf heftigen Widerstand stieß: Hier wurden nicht nur auf der Ebene der Leitbilder bewußt neue Akzente gesetzt. Hier wurde, was noch wichtiger ist, quasi von oben Freiraum geschaffen für den Einstieg der Väter in die alltagspraktischen Aufgaben der Kinderversorgung – und dies in einer strategisch wichtigen Phase, nämlich zu Anfang, wo die neuen Rollen als Väter und Mütter gerade erprobt werden. In diesem Sinne sind die Vätermonate ein kleiner, aber vielleicht nicht unwichtiger Baustein im größeren Bezugsrahmen einer Politik, die zur «Auflockerung» der nach Geschlecht fixierten Rollenverteilung beitragen will. So zumindest die politische Absicht; und so wohl auch die Befürchtung all jener, die mit Ablehnung und anhaltendem Widerstand reagierten.

Welche List der Vernunft, welch unvermutet ironische Wende! Was den radikalen Vorstreiterinnen der Frauenbewegung nicht gelang, deren Aufruf zum Gebärstreik praktisch wirkungslos blieb, das haben nun die vielen ganz normalen, ganz revolutionsfernen Frauen der jüngeren Generation erreicht. Indem sie den Kinderwunsch aufschoben, nach unten anpaßten oder ganz aufgaben – jede für sich und jede doch Teil einer schnell wachsenden Gruppe –, indem sie sich derart als widerspenstig erwiesen und von den Erwartungen an ein Stück eigenes Leben nicht abbringen ließen, haben sie den Anstoß zu einer neuen Entwicklung gegeben: In Gesellschaft, Politik, Öffentlichkeit wächst mit einem Mal die Bereitschaft, die Erwartungen der Frauen zur Kenntnis zu nehmen – und die Institutionen dementsprechend neu zu gestalten.

Nun muß sich zeigen, ob diese Einsicht sich auch in der Praxis durchsetzen kann, gegen die Widerstände verschiedenster Art. Immerhin beweist der Blick auf andere europäische Länder, daß auch unter Bedingungen der Globalisierung Vereinbarungen möglich sind, die die Familien- und Kinderfeindlichkeit der Arbeitswelt ein Stück weit zähmen.[22] Immerhin kann man an Orten wie Stockholm anschaulich erleben, wie selbstverständlich junge Männer aktive Vaterschaft praktizieren, so man ihnen Gelegenheit gibt. Immerhin ist in den letzten Monaten die Familienpolitik in Deutschland in Bewegung geraten: Die Vätermonate sind durchgesetzt; das Ehegattensplitting, vor kurzem noch unantastbar, wird auch in der CDU öffentlich in Frage gestellt; und die institutionelle Kleinkindbetreuung, vor kurzem noch als pädagogischer Sündenfall mit Argwohn betrachtet, mit Rabenmutter und Vernachlässigung assoziiert, wird aus der Schmuddelecke geholt und als Möglichkeit der pädagogischen Frühförderung erkannt, so die Familienministerin persönlich – eine stolze Karriere.

Bei einem Kongreß der Familienforschung, der vor ein paar Jahren in Norwegen stattfand, verglich eine der dortigen Politikerinnen die Geburtenzahlen in verschiedenen Ländern Europas und machte die Formel daraus: Je näher zum Papst, desto weniger Kinder. Vielleicht könnte man in Anlehnung daran den Satz formulieren: Je näher zur Gleichberechtigung, desto mehr Kinder. Das könnte dann Motto und Leitsymbol werden für eine neue kinderfreundliche Familienpolitik in Deutschland. Deshalb am Ende eine Frage von vorsichtiger Hoffnung: Sollte es sein, nach vier Jahrzehnten Geburtenrückgang, daß eines Tages das Glas halb voll ist und nicht mehr halb leer?

Anmerkungen

I. Die Demographie-Debatte:
Der Geburtenrückgang wird Medienereignis

1 Schirrmacher 2006
2 SPIEGEL Nr. 10/2006
3 Ebd., S. 78
4 Ebd., S. 77
5 Ebd., S. 81
6 Ebd., S. 77
7 Ebd., S. 86
8 Ebd., S. 78
9 Ebd., S. 78
10 Ebd., S. 80
11 Kröhnert/ Medicus/Klingholz 2006, S. 3
12 Kaufmann 2005, S. 116 ff.
13 Bischof Wolfgang Huber: Kinder, kein Job wie jeder, in: DIE ZEIT Nr. 15/2006, S. 8
14 «Unterjüngtes Deutschland»: so die Überschrift zu einer Graphik, die die Verteilung der Altersgruppen in der Bevölkerung darstellt, in: Frankfurter Allgemeine Zeitung, 28. 6. 2006
15 Andreas Kilb: Zeigt her eure Kinder, in: Frankfurter Allgemeine Zeitung, 28. 4. 2006
16 Christian Schwägerl: Schwundland, in: Frankfurter Allgemeine Zeitung, 15. 3. 2006
17 Siehe Hradil 2004, S. 47 ff.
18 BiB-Mitteilungen [Informationen aus dem Bundesinstitut für Bevölkerungsforschung], Heft 1/2006, S. 13
19 FAZ.NET, 15. 3. 2006
20 BiB-Mitteilungen Heft 1/2006, S. 13
21 www.destatis.de / download / d / bevoe / bevoe_1946_2005.xls
22 BiB-Mitteilungen Nr. 1/2006, S. 33
23 Ralf E. Ulrich: Wir sterben immer wieder aus, in: DIE WELT, 11. 5. 2006
24 Gustav Seibt: Dreißig Jahre nach zwölf, in: Süddeutsche Zeitung, 4. 5. 2006

25 Susanne Gaschke: Wenn Männer dröhnen, in: DIE ZEIT Nr. 13/2006

26 Ebd.

27 Iris Radisch: Der Preis des Glücks, in: DIE ZEIT Nr. 12/2006

28 Ebd.

28 Ebd.

30 Gaschke a.a.O.

31 SPIEGEL-Gespräch mit Alice Schwarzer, SPIEGEL Nr. 22/2006, S. 94 ff.

32 Stefan Dietrich: Vergiftetes Geschenk, in: Frankfurter Allgemeine Zeitung, 5. 5. 2006

33 Auch könnte es sein – dafür gibt es kleinere Hinweise am Rande –, daß die Auffassungen vielleicht gar nicht so sehr nach dem Muster «hier Männer, dort Frauen» variieren, sondern mindestens ebenso, wenn nicht noch mehr nach Lebensalter. Das Krisenszenario, so meine Vermutung, wird eher von den älteren Männern vertreten – während die jüngeren Männer, mit dem Alltag und den Anforderungen von Elternsein heute direkter vertraut, mit Aufforderungen zur Geburtenvermehrung sich eher zurückhalten. Interessant wäre es nun, dieser Vermutung genauer nachzugehen; aber weil Essays und Zeitungsartikel zwar den Namen des Autors angeben, nicht aber sein Geburtsjahr, wäre das eine aufwendige Aufgabe.

34 Andreas Kilb: Zeigt her eure Kinder, in: Frankfurter Allgemeine Zeitung, 28. 4. 2006

35 Andreas Kilb: Kindvergessen, in: Frankfurter Allgemeine Zeitung, 30. 3. 2006

36 Josef Joffe: Kinderschwund – na und?, in: DIE ZEIT Nr. 13/2006, S. 1

37 Alex Rühle: Cappuccino-Luder, in: Süddeutsche Zeitung, 27. 4. 2006

38 SPIEGEL-Gespräch mit Alice Schwarzer, SPIEGEL Nr. 22/2006, S. 94

39 Kommentar in der Frankfurter Allgemeinen Zeitung, gezeichnet V.Z.: Elche, Liebe, Hoffnung, 3. 5. 2006

40 Stefan Dietrich: Vergiftetes Geschenk, in: Frankfurter Allgemeine Zeitung, 5. 5. 2006

41 Ebd.

42 Torsten Schumacher: Mehr Ehrlichkeit, bitte!, in: Cicero, Heft 6/2006, S. 80

43 Kommentar in der Frankfurter Allgemeinen Zeitung, gezeichnet V.Z.: Elche, Liebe, Hoffnung, 3. 5. 2006

44 Georg Paul Hefty: Emanzipation mit Kind, in: Frankfurter Allgemeine Zeitung, 18. 3. 2006

45 SPIEGEL Nr. 10/2006, S. 85

46 Ebd., S. 79

47 Ebd., S. 86

48 Ebd., S. 85

49 Ebd., S. 84

50 Kommentar in der Frankfurter Allgemeinen Zeitung, gezeichnet V.Z.: Elche, Liebe, Hoffnung, 3. 5. 2006

51 Ulrich Greiner: Was der Mann nicht kann, in: DIE ZEIT Nr. 15/2006, S. 67

52 Eva Herman: Die Emanzipation – ein Irrtum?, in: Cicero, Heft 5/2006, S. 114 ff.

53 Theodor Hellbrügge: Mütter sind Kulturträger, in: Cicero, Heft 6/2006, S. 82

54 Elisabeth Vogelheim: Dürfen Frauen Karriere machen?, in: BRIGITTE Nr. 10/2006, S. 250

55 Johanna Adorján: Was ist nur mit den Frauen los?, in: Frankfurter Allgemeine Sonntagszeitung, 19.3.2006

56 Vogelheim a.a.O.

57 Vogelheim a.a.O.

58 Rühle a.a.O.

59 Susanne Mayer: Im Land der Muttis, in: DIE ZEIT Nr. 29/2006, S. 49 f.

60 Sandra Kegel: Es muß passen, in: Frankfurter Allgemeine Zeitung, 11. 5. 2006

61 Adorján a.a.O.

62 Radisch a.a.O.

63 Elias 1985, S. VIII

II. Die Chancen und Zwänge des «eigenen Lebens»

1 Berger u.a. 1975, S. 168

2 Ebd.

3 Vgl. Riesman 1956

4 Berger u.a. 1975, S. 159

5 Wysocki 1980

6 Lasch 1977

7 Berger u.a. 1975, S. 42

8 Kohli 1986, S. 185

III. Stationen in der Geschichte der Mutterschaft

1 Imhof 1984, S. 20

2 Rosenbaum 1982, S. 76 f.

3 Shorter 1977; Badinter 1981

4 Zit. nach Schütze 1983, S. 58
5 Bernard 1979, S. 122
6 Wiederabgedruckt in Behrens 1982, S. 69 f.
7 Hausen 1976
8 Zit. nach Blinn 1984, S. 69
9 Zit. nach Richmond-Abbott 1983, S. 1
10 Wiederabgedruckt in Behrens 1982, S. 69
11 Skolnick 1979, S. 306 f.
12 Zit. nach Bäumer 1902, S. 69
13 Zit. nach Simmel 1980, S. 55
14 Zit. nach Badinter 1981, S. 193
15 Ostner/Krutwa-Schott 1981, S. 20
16 Zit. nach ebd., S. 25
17 Zit. nach Kössler 1979, S. 37
18 Zit. nach ebd., S. 38
19 Bäumer 1902; Tornieporth 1979
20 Appelius, zit. nach Bäumer 1902, S. 94
21 De Lagarde, zit. nach Bäumer 1901, S. 71
22 Langer-El Sayed 1980, S. 56–58
23 Gerhard-Teuscher 1983, S. 244
24 Hausen 1976, S. 372
25 Beck 1986, Kapitel IV
26 Schlumbohm 1983, S. 14
27 Aries 1978, S. 209
28 Z.B. Bolte 1980, S. 68 f.; Flitner 1982
29 Castell 1981
30 Wiederabgedruckt in Schlumbohm 1983, S. 53 f.
31 Flitner 1982, S. 21
32 Flitner 1982; Rutschky 1977
33 Zit. nach Rutschky 1977, S. 37 f.
34 Kleist 1800, wiederabgedruckt in Behrens 1982, S. 259
35 Ehrenreich/English 1979; Margolis 1984; Ryan 1982; Schütze 1986
36 Wiederabgedruckt in Blinn 1984, S. 140
37 Wiederabgedruckt ebd., S. 157 f.
38 Wilbrandt 1902, S. 389
39 Balzac 1981, S. 185, S. 201 f., S. 205, S. 240, S. 283
40 Ein amerikanischer Arzt Ende des 19. Jahrhunderts, zit. nach Heintz/Honegger 1981, S. 34
41 Zit. nach Ehrenreich/English 1979, S. 109
42 Siehe Ehrenreich/English 1979
43 Wiederabgedruckt in Blinn 1984, S. 187 f.
44 Wiederabgedruckt in Behrens 1982, S. 150

45 Zit. nach Badinter 1981, S. 198
46 Badinter 1981; Rosenbaum 1982
47 Badinter 1981
48 Balzac 1981, S. 73, S. 210, S. 247, S. 250
49 Donzelot 1979, S. 34
50 Zit. nach ebd.
51 Schütze 1986, S. 27 f.

IV. Der erste Geburtenrückgang: Frauen und Mütter im ausgehenden 19. Jahrhundert

1 Ibsen 1973, S. 826
2 Willms 1983a, 1983b
3 Wilbrandt 1902, S. 208
4 Louise Otto-Peters, wiederabgedruckt in Brinker-Gabler 1979, S. 115
5 Wilbrandt 1902, S. 28
6 Ebd., S. 132
7 Joksch, zit. nach Müller 1981, S. 51
8 Tilly/Scott 1978, S. 116
9 Zit. nach Baruch u.a. 1983, S. 120
10 Schulte 1983, S. 115
11 Müller 1981, S. 69
12 Zit. nach Margolis 1984, S. 38
13 Ehrenreich/English 1979
14 Ebd., S. 173
15 Badinter 1981, S. 172
16 Ehrenreich/English 1979, S. 173
17 Zit. nach ebd., S. 183
18 Zit. nach ebd., S. 171
19 Heintz/Honegger 1981, S. 38
20 Gordon 1977, S. 112 f.
21 Zit. nach ebd., S. 113
22 Z.B. Janssen-Jurreit 1979; Schenk 1980
23 Bäumer 1901, S. 104, eine Schrift Langes aus dem Jahr 1897 zitierend
24 Stoehr 1983
25 Wilbrandt 1902, S. 2 und S. 389
26 Gordon 1977, S. 110
27 Zit. nach Ehrenreich/English 1979, S. 3
28 Wiederabgedruckt in Brinker-Gabler 1979, S. 246
29 Shorter 1973, S. 621
30 Shorter 1973

31 Ebd., S. 615
32 Ebd., S. 612
33 Ebd., S. 631
34 Zetkin 1889, wiederabgedruckt in Brinker-Gabler 1979, S. 144
35 Salomon 1906, wiederabgedruckt in Brinker-Gabler 1979, S. 197
36 Degler 1980
37 Ebd., S. 192 f.
38 Smith 1981, S. 319
39 Degler 1980, S. 63–65
40 Ebd., S. 189
41 Ebd.
42 Newston 1881, S. 123
43 Ehrenreich/English 1979, Kapitel 4
44 Tolstoja 1982, S. 393
45 Ebd., S. 345
46 Ebd., S. 390
47 Ebd., S. 321
48 Ebd., S. 379
49 Ebd., S. 325–328
50 Chopin 1980, S. 16 f. und S. 177 f.
51 Praesent 1983, S. 9 f.
52 Smith 1981, S. 314
53 Degler 1980, S. 206 und S. 201 f.
54 Zit. nach ebd., S. 202
55 Degler 1980; Luker 1984; Margolis 1984
56 Degler 1980, S. 247
57 Ebd., S. 246
58 Luker 1984, S. 40 ff.
59 Degler 1980, S. 246
60 Ebd., S. 206 f.
61 Smith 1981, S. 312
62 Aries 1980, S. 647
63 Stone 1979, S. 263
64 Zit. nach Degler 1980, S. 201
65 Key 1905, S. 62
66 Castell 1981; Frevert 1985
67 Frevert 1985, S. 421
68 Ebd., S. 443
69 Castell 1981, S. 394

V. Die 1950er und 1960er Jahre:
Traditionelle Leitbilder und Vorzeichen der Wende

1 Schmidt-Relenberg 1965
2 Ebd., S. 145 und S. 150
3 Pross 1969
4 Anger 1960
5 Picht 1964
6 Symptomatisch für das neue politische und forschungspolitische Interesse z.B. die Studie von Pross 1969
7 Die umfassende Bildungsreform, die Willy Brandt 1969 in seiner Regierungserklärung versprach, sollte insbesondere auch Frauen zugute kommen.
8 Anteil der Mädchen/Frauen an:

	Gymnasien (Oberstufe)	Hochschulanfängern	Hochschulstudenten
1960:	36,5 %	27,0 %	23,9 %
1970:	41,4 %	28,8 %	25,6 %
1981:	49,7 %	41,6 %	37,6 %

Quelle: Grund- und Strukturdaten 1982/83, S. 34 und S. 116 f.
9 Seidenspinner/Burger 1982, S. 9
10 Siehe dazu genauer Beck-Gernsheim 1983, S. 312 ff.
11 Friedan 1963/1977
12 Ebd., S. 16, S. 23, S. 27
13 Ebd., S. 332
14 «Der Anteil der erwerbstätigen Frauen ... ist kontinuierlich gestiegen. Am stärksten ist die Veränderung bei den verheirateten Frauen. 1982 waren von den 25- bis 30jährigen verheirateten Frauen 56,8 % (1961: 40,4 %), von den 30- bis 40jährigen 53,8 % (1961: 36,6 %) und von den 40- bis 45jährigen 52,8 % (1961: 37,7 %) erwerbstätig». (Frauen in der Bundesrepublik Deutschland, 1984, S. 21)
15 Myrdal/Klein 1956/1960
16 «Die Erwerbstätigenquote verheirateter Frauen mit Kindern unter 18 Jahren stieg von 33,2 % im Jahr 1961 bis auf 44 % 1982». (Frauen in der Bundesrepublik Deutschland, 1984, S. 21)
17 Willms 1983b, S. 111
18 Becker-Schmidt/Knapp 1985, S. 118
19 Z.B. Bowlby 1969; Spitz 1965
20 Sichrovsky 1984, S. 38 f.
21 De Mause 1980b, S. 85
22 Papanek 1979
23 Steinbeck 1966

24 Von Hentig 1978, S. 34
25 Balint, zit. bei Frühmann 1983, S. 50
26 Das Baby o.J., S. 26
27 Ebd.; Hervorhebung EBG

VI. Der zweite Geburtenrückgang beginnt

1 Zitat aus einem Erfahrungsbericht, abgedruckt in Roos/Hassauer 1982, S. 283
2 Interview-Aussage in Ley 1984, S. 244
3 Ebd.
4 Z.B. Bolte 1980, S. 76 f.
5 Urdze/Rerrich 1981, S. 83
6 Erfahrungsbericht in Häsing/Brandes 1983, S. 184
7 Höpflinger 1984, S. 148; Einstellungen zu Ehe und Familie, 1985, S. 164
8 Interview-Ausschnitte aus Ayck/Stolten 1978, S. 40 und S. 39 f.
9 Urdze/Rerrich 1981, S. 85
10 Ebd., S. 90
11 Diezinger u.a. 1982, S. 104
12 Biermann u.a. 1985, S. 75 f.
13 Interview-Ausschnitte aus ebd., S. 20
14 Urdze/Rerrich 1981, S. 21
15 Interview-Ausschnitte aus ebd., S. 20
16 Anderson 1972
17 Erfahrungsbericht in Kerner 1984, S. 152
18 Erfahrungsbericht in Roos/Hassauer 1982, S. 23
19 Sommerkorn 1982
20 Urdze/Rerrich 1981
21 Erfahrungsbericht in Reim 1984, S. 102
22 Stössinger 1980, S. 37 und S. 42

VII. Der Geburtenrückgang setzt sich fort:
   Von 1965 bis heute

1 Nina Taub 1982, zit. nach Rothman 1985, S. 23
2 Daele 1985
3 Ruth Hubbard 1982, zit. nach Rothman 1985, S. 23
4 Häussler
5 McRobbie 2005

6 Rerrich 1988
7 Rerrich 1988
8 Beck-Gernsheim 1991
9 Rothman 1985, S. 28
10 Für Statistiken zum steigenden Durchschnittsalter der Mütter siehe Statistisches Bundesamt 2006, S. 7 f.
11 Beck-Gernsheim 1991
12 Baitsch/Sponholz 1993, S. 44
13 Rothman 1988
14 Hochschild 1990
15 Ebd., S. 32 f.
16 Gerhard u. a. 2003; zusammenfassend Engelhardt/Prskawetz 2005
17 Franks 1999, S. 91 ff.
18 Siehe z. B. Beck 2007
19 Blossfeld u. a. 2006
20 Bundesinstitut für Bevölkerungsforschung 2006, 30 ff.
21 Blossfeld u. a. 2006
22 Franks 1999, S. 89
23 Melanie Mühl: Weiblich, jung, kinderlos, in: Frankfurter Allgemeine Zeitung, 9. 8. 2005
24 Franks 1999, S. 75
25 Kaufmann 1995, S. 169 ff.
26 Hochschild 1975, S. 49
27 Siehe Martin Spiewak: Dr. habil. Kinderlos, in: DIE ZEIT Nr. 15/2006, S. 43
28 Siebter Familienbericht, S. 186
29 Monitor Familiendemographie 2005, S. 27
30 Walter/Künzler 2002, S. 114; Hervorhebung original
31 Dressel/Cornelißen/Wolf 2005, S. 308
32 Ebd.
33 Rerrich 1994; Hess 2004, S. 192 ff.
34 Siehe hierzu z. B. Ehrenreich/English 2003; Hess 2004; Hondagneu-Sotelo 2001; Rerrich 2006
35 Rerrich 1993, S. 100
36 Hondagneu-Sotelo/Avila 1997
37 Hochschild 2000
38 Hochschild 1999, S. 34 ff.

VIII. Zukunftsaussichten

1 Onken/Onken 2006, S. 11 f.; Hervorhebung original
2 Ebd., S. 12
3 Ebd., S. 30 f.
4 Z.B. Bobb/Clarke 2001
5 Onken/Onken, S. 115 f.
6 Ebd., S. 32
7 Siebter Familienbericht, S. 79, S. 110, S. 78
8 Ebd., S. 111
9 Onken/Onken 2006, S. 105 f.
10 Dorbritz 2004, S. 10 ff.; Höhn u.a. 2006, S. 14 ff.
11 Höhn u.a. 2006, S. 16
12 Z.B. Hradil 2001
13 Pifer/Bronte 1986, S. 1
14 Für einen Überblick siehe z.B. Daedalus, Band 115/Heft 1, Winter 1986, Sonderheft «The Aging Society»
15 Siehe oben, Kap. I
16 Z.B. Inga Griese: Der Sündenfall der Eva H., in: DIE WELT, 20. 8. 2006; Auszeit für Eva Herman, FAZ.NET, Zugriff am 14. 8. 2006
17 Susanne Gaschke: Wenn Männer dröhnen, in: DIE ZEIT Nr. 13/2006
18 Beck 1986, Kapitel IV
19 Siebter Familienbericht, S. 70
20 Höhn u.a. 2006, S. 6, ebenso S. 75 f.
21 Kröhnert u.a. 2004, S. 3
22 Siebter Familienbericht, S. 42 und S. 50

Literaturverzeichnis

Affemann, Rudolf: Einleitung in den Gesprächskreis «Familie – Die Mutter ist unersetzlich». In: Die sanfte Macht der Familie, 19. Bundestagung, Sozialausschüsse der Christlich-Demokratischen Arbeitnehmerschaft, Mannheim 1981, herausgegeben von der CDA-Verlagsgesellschaft, S. 35–39

Allerbeck, Klaus/Hoag, Wendy: Jugend ohne Zukunft? Einstellungen, Umwelt, Lebensperspektiven. München 1985

Aly, Monika/Grüttner, Annegret: Unordnung und frühes Leid. Kindererziehen 1972 und 1982. In: Kursbuch Nr. 72, Juni 1983: Die neuen Kinder, S. 33–49

Anderson, Margaret (Hg.): Mother Was not a Person. Montreal 1972

Anger, H.: Probleme der deutschen Universität. Bericht über eine Erhebung unter Professoren und Dozenten. Tübingen 1960

Aries, Philippe: Geschichte der Kindheit. München 1978

– ders.: Two Successive Motivations for the Declining Birth Rate in the West. In: Population and Development Review, Dezember 1980, S. 645–650

Ayck, Thomas/Stolten, Inge: Kinderlos aus Verantwortung. Reinbek 1978

Badinter, Elisabeth: Die Mutterliebe. Geschichte eines Gefühls vom 17. Jahrhundert bis heute. München 1981

Bäumer, Gertrud: Die Geschichte der Frauenbewegung in Deutschland. In: Helene Lange/Gertrud Bäumer (Hg.): Handbuch der Frauenbewegung, Band I: Die Geschichte der Frauenbewegung in den Kulturländern. Berlin 1901, S. 1–166

– dies.: Geschichte und Stand der Frauenbildung in Deutschland. In: Helene Lange/Gertrud Bäumer (Hg.): Handbuch der Frauenbewegung, Band III: Der Stand der Frauenbildung in den Kulturländern. Berlin 1902, S. 1–128

Baitsch, Helmut/Sponholz, Gerlinde: Genetische Beratung. Pränatale Diagnostik und was dann? In: Früherkennung von Entwicklungsrisiken. Dokumentation des 7. Symposiums Frühförderung, Tübingen 1993, herausgegeben von der Vereinigung für Interdisziplinäre Frühförderung e.V., München/Basel 1993

Balzac, Honoré de: Zwei Frauen. Zürich 1981

Baruch, Grace/Barnett, Rosalind/Rivers, Carly: Lifeprints. New patterns of love and work for today's women. New York 1983

Beck, Ulrich: Jenseits von Klasse und Stand? Soziale Ungleichheit, gesellschaftliche Individualisierungsprozesse und die Entstehung neuer sozialer Formationen und Identitäten. In: Reinhard Kreckel (Hg.): Soziale Ungleichheiten, Soziale Welt, Sonderband 2, Göttingen 1983, S. 35–74

– ders.: Risikogesellschaft. Auf dem Weg in eine andere Moderne. Frankfurt 1986

– ders.: Schöne neue Arbeitswelt. Frankfurt 2007 (im Druck)

Becker-Schmidt, Regina: Entfremdete Aneignung, gestörte Anerkennung, Lernprozesse: Über die Bedeutung von Erwerbsarbeit für Frauen. In: Sektion Frauenforschung in den Sozialwissenschaften (Hg.): Beiträge zur Frauenforschung am 21. Deutschen Soziologentag in Bamberg, München 1982, S. 11–30

– dies./Brandes-Erlhoff, Uta/Karrer, Marva/Knapp, Gudrun-Axeli/Schmidt, Beate: Nicht wir haben die Minuten, die Minuten haben uns. Zeitprobleme und Zeiterfahrungen von Arbeitermüttern in Fabrik und Familie. Bonn 1982

– dies./Knapp, Gudrun-Axeli/Rumpf, Mechtild: Frauenarbeit in der Fabrik – Betriebliche Sozialisation als Lernprozeß? Über die subjektive Bedeutung der Fabrikarbeit im Kontrast zur Hausarbeit. In: Gesellschaft, Beiträge zur Marxschen Theorie 14, Frankfurt 1981, S. 52–74

– dies./Knapp, Gudrun-Axeli: Arbeiterkinder gestern – Arbeiterkinder heute. Bonn 1985

Beck-Gernsheim, Elisabeth: Das halbierte Leben. Männerwelt Beruf, Frauenwelt Familie. Frankfurt 1980

– dies.: Vom «Dasein für andere» zum Anspruch auf ein Stück «eigenes Leben». Individualisierungsprozesse im weiblichen Lebenszusammenhang. In: Soziale Welt, Heft 3/1983, S. 307–340

– dies.: Vom Geburtenrückgang zur Neuen Mütterlichkeit? Über private und politische Interessen am Kind. Frankfurt 1984

– dies.: Technik, Markt und Moral. Über Reproduktionsmedizin und Gentechnologie. Frankfurt 1991

Behrens, Katja (Hg.): Das Insel-Buch vom Lob der Frau. Frankfurt 1982

Bellmann, Lutz: Einkommensungleichheit in den achtziger Jahren. In: Hans-Werner Franz/Wilfried Kruse/Hans-Günter Rolff (Hg.): Neue alte Ungleichheiten. Berichte zur sozialen Lage der Bundesrepublik. Opladen 1986, S. 23–35

Berger, Peter/Berger, Brigitte/Kellner, Hansfried: Das Unbehagen in der Modernität. Frankfurt 1975

Bernard, Jessie: The Mother Role. In: Jo Freeman (Hg.): Women: A Feminist Perspective. Palo Alto 1979, S. 122–133

Biermann, Ingrid/Schmerl, Christiane/Ziebell, Lindy: Leben mit kurzfristigem Denken. Eine Untersuchung zur Situation arbeitsloser Akademikerinnen. Weinheim/Basel 1985

Bilden, Helga/Diezinger, Angelika: Individualisierte Jugendbiographie? Zur Diskrepanz von Anforderungen, Ansprüchen und Möglichkeiten. In: Zeitschrift für Pädagogik, Heft 2/1984, S. 191–207

Blinn, Hansjürgen: Emanzipation und Literatur. Texte zur Diskussion. Frankfurt 1984

Blossfeld, Hans-Peter u.a. (Hg.): Globalization, Uncertainty and Youth in Society. London/New York 2006

Bobb, Vilna F. Bashi/Clarke, Averil Y.: Experiencing Success: Structuring the Perception of Opportunities for West Indians. In: Nancy Foner (Hg.): Islands in the City. West Indian Migration to New York. Berkeley u.a. 2001, S. 216–236

Bolte, Karl Martin: Bestimmungsgründe der Geburtenentwicklung und Überlegungen zu einer möglichen Beeinflußbarkeit. In: Bevölkerungsentwicklung und nachwachsende Generation. Schriftenreihe des Bundesministers für Jugend, Familie und Gesundheit, Band 93, Stuttgart/Berlin/Köln/Mainz 1980, S. 64–91

– ders./Aschenbrenner, Katrin/Kreckel, Reinhard/Schultz-Wild, Rainer: Beruf und Gesellschaft in Deutschland. Berufsstruktur und Berufsprobleme. Opladen 1970

Bopp, Jörg: Die Mamis und die Mappis. Zur Abschaffung der Vaterrolle. In: Kursbuch Nr. 76, Juni 1984: Die Mütter, S. 53–74

Bowlby, John: Attachment and Loss. Band 1: Attachment. New York 1969

Braun, Daniela/Wohlfart, Claus: Ich und du und unser Kind. Tagebücher aus dem Leben zu dritt. Reinbek 1984

Braunmühl, Ekkehard von/Kupffer, Heinrich/Ostermeyer, Helmut: Die Gleichberechtigung des Kindes. Frankfurt 1976

Brinker-Gabler, Gisela (Hg.): Frauenarbeit und Beruf, Frankfurt 1979

Brinley, Maryann: Raising a Superkid. In: McCall's, November 1983, S. 101 ff.

Burkhardt, Wolfgang/Unterseher, Lutz: Der Elternführerschein. Bericht über die sozialwissenschaftliche Begleitung eines Medienverbund-Projektes. Schriftenreihe des Bundesministers für Jugend, Familie und Gesundheit, Band 59, Stuttgart/Berlin/Köln/Mainz 1979

Castell, Adelheid von: Unterschichten im «Demographischen Über-gang». Historische Bedingungen des Wandels der ehelichen Frucht-barkeit und der Säuglingssterblichkeit. In: Hans Mommsen/Win-fried Schulze (Hg.): Vom Elend der Handarbeit. Probleme historischer Unterschichtenforschung. Stuttgart 1981, S. 373–394

Chesler, Phyllis: Mutter werden. Die Geschichte einer Verwandlung. Reinbek 1980

Chopin, Kate: Das Erwachen. Reinbek 1980

Clauser, Günther: Die moderne Elternschule. Freiburg 1969

Daele, Wolfgang van den: Mensch nach Maß? Ethische Probleme der Genmanipulation und Gentherapie. München 1985

Däubler-Gmelin, Herta: Frauenarbeitslosigkeit oder: Reserve zurück an den Herd. Reinbek 1977

Daniels, Pamela/Weingarten, Kathy: Sooner or Later. The Timing of Parenthood in Adult Lives, New York/London 1982

Das Baby. Ein Leitfaden für junge Eltern. Herausgegeben von der Bun-deszentrale für gesundheitliche Aufklärung. Köln o. J. (circa 1980)

Degler, Carl N.: At Odds. Women and the Family in America from the Revolution to the Present. New York 1980

Demos, John: Images of the American Family, Then and Now. In: Vir-ginia Tufte/Barbara Myerhoff (Hg.): Changing Images of the Family, New Haven/London 1979, S. 43–60

Diezinger, Angelika/Marquardt, Regine/Bilden, Helga/Dahlke, Kerstin: Zukunft mit beschränkten Möglichkeiten. Entwicklungsprozesse ar-beitsloser Mädchen. Schlußbericht an die Deutsche Forschungsge-meinschaft, hektographiertes Manuskript. München 1982

Dische, Irene: Das schönste Erlebnis. In: Kursbuch Nr. 72/Juni 1983: Die neuen Kinder, S. 28–32

Donzelot, Jacques: Die Ordnung der Familie. Frankfurt 1980

Dorbritz, Jürgen: Keine Kinder mehr gewünscht? In: BiB-Mitteilungen 2004/Heft 3, S. 10–17

Dowrick, Stefanie/Grundberg, Sibyl (Hg.): Will ich wirklich ein Kind? Frauen erzählen. Reinbek 1982

Dressel, Christian/Cornelißen, Waltraud/Wolf, Karin: Vereinbarkeit von Familie und Beruf. In: Waltraud Cornelißen (Hg.): Gender-Datenreport, im Auftrag des Bundesministeriums für Familie, Seni-oren, Frauen und Jugend erstellt durch das Deutsche Jugendinsti-tut in Zusammenarbeit mit dem Statistischen Bundesamt, 2005, S. 266–341

Dritter Familienbericht, Bundestagsdrucksache 8/3121, 20.8.1979

Dunde, Rudolf (Hg.): Neue Väterlichkeit. Von Möglichkeiten und Unmöglichkeiten des Mannes. Gütersloh 1986

Eckart, Christel/Jaerisch, Ursula G./Kramer, Helgard: Frauenarbeit in Familie und Beruf. Eine Untersuchung von Bedingungen und Barrieren der Interessenwahrnehmung von Industriearbeiterinnen. Frankfurt 1979

Ehrenreich, Barbara/English, Deidre: For Her Own Good. 150 Years of the Experts' Advice for Women. London 1979

Ehrenreich, Barbara/Hochschild, Arlie Russell (Hg.): Global Woman. Nannies, Maids and Sex Workers in the New Economy. London 2003

Einstellungen zu Ehe und Familie im Wandel der Zeit. Eine Repräsentativuntersuchung. Herausgegeben vom Ministerium für Arbeit, Gesundheit, Familie und Sozialordnung Baden-Württemberg, Stuttgart 1985

Elias, Norbert: Vorwort. In: Michael Schröter: «Wo zwei zusammenkommen in rechter Ehe ...» Sozio- und psychogenetische Studien über Eheschließungsvorgänge vom 12. bis 15. Jahrhundert. Frankfurt 1985, S. VII–XI

Engelhardt, Henriette/Prskawetz, Alexia: Beruf und Familie immer noch schwer zu vereinbaren. Europäische Länder unterstützen Frauen unterschiedlich. In: Demographische Forschung aus erster Hand, herausgegeben vom Max-Planck-Institut für demografische Forschung, Jahrgang 2/Nr.3, 2005, S. 1f.

Findl, Inga/Laburda, Angelika: Familiäre Beziehungsmuster. In: Münz 1985, S. 159–182

Findl, Inga/Laburda, Angelika/Münz, Rainer: Frauenalltag und familiäre Arbeitsteilung. In: Münz 1985, S. 129–158

Findl, Peter: Erwerbsarbeit. In: Münz 1985, S. 95–128

Flitner, Andreas: Konrad, sprach die Frau Mama ... Über Erziehung und Nicht-Erziehung. Berlin 1982

Franks, Suzanne: Having None of It. Women, Men and the Future of Work. London 1999

Frauen in der Bundesrepublik Deutschland. Herausgegeben vom Bundesministerium für Jugend, Familie und Gesundheit. Bonn 1984

Frevert, Ute: «Fürsorgliche Belagerung»: Hygienebewegung und Arbeiterfrauen im 19. und frühen 20. Jahrhundert. In: Geschichte und Gesellschaft, 11. Jahrgang 1985/Heft 4, S. 420–446

Friedan, Betty: The Feminine Mystique. New York 1977 (EA 1963)

– dies.: Der zweite Schritt. Reinbek 1982

Frühmann, Renate: Subtile Gewalt in der Kindererziehung. In: Günter Pernhaupt (Hg.): Gewalt am Kind. Wien 1983, S. 50–57

Fthenakis, Wassilos E.: Väter. Zur Psychologie der Vater-Kind-Beziehung. Band 1 und 2. München 1985

Fuchs, Werner: Jugendbiographie. In: Jugendwerk der Deutschen Shell (Hg.): Jugend '81. Lebensentwürfe, Alltagskulturen, Zukunftsbilder. Hamburg 1981. Band 1, S. 124–344
– ders.: Jugendliche Statuspassage oder individualisierte Jugendbiographie? In: Soziale Welt, Heft 3/1983, S. 341–371
Funk, Heidi: Mädchenalltag – Freiraum nach geleisteter Pflicht. In: Deutsches Jugendinstitut (Hg.): Immer diese Jugend! Ein zeitgeschichtliches Mosaik. 1945 bis heute. München 1985, S. 37–46
Gerhard-Teuscher, Ute: Artikel «Recht». In: Johanna Beyer/Franziska Lamott/Birgit Meyer (Hg.): Frauenhandlexikon. Stichworte zur Selbstbestimmung. München 1983, S. 242–248
– dies./Knijn, Trudie/Weckwert, Anja (Hg.): Erwerbstätige Mütter. Ein europäischer Vergleich. München 2003
Gisser, Richard/Lutz, Wolfgang/Münz, Rainer: Kinderwunsch und Kinderzahl. In: Münz 1985, S. 33–94
Gordon, Linda: Woman's Body, Woman's Right. A Social History of Birth Control in America, 1977
Gronau, Franziska: Kinderwunsch im sauren Regen. Erfahrungen einer Therapeutin. In: Kursbuch Nr. 72, Juni 1983: Die neuen Kinder, S. 7–13
Grund- und Strukturdaten 1982/1983, herausgegeben vom Bundesminister für Bildung und Wissenschaften, Bonn 1982
Gstettner, P.: Die Eroberung des Kindes durch die Wissenschaft. Aus der Geschichte der Disziplinierung. Reinbek 1981
Häsing, Helga/Brandes, Volkhard (Hg.): Kinder, Kinder! Lust und Last der linken Eltern. Frankfurt 1983
Häussler, Monika: Von der Enthaltsamkeit zur verantwortungsbewußten Fortpflanzung. Über den unaufhaltsamen Aufstieg der Empfängnisverhütung und seine Folgen. In: Häussler u.a. 1983, S. 58–73 (1983a)
– dies.: Die Begrenztheit der Wünsche oder: Im Palast des Minotaurus: In: Häussler u.a. 1983, S. 135–140 (1983 b)
– dies./Helfferich, Cornelia/Walterspiel, Gabriela/Wetterer, Angelika: Bauchlandungen. Abtreibung – Sexualität – Kinderwunsch. München 1983
Häussler, S.: Ärztlicher Ratgeber für werdende junge Mütter. München 1976
Harman, David/Brim, Orville G.: Learning to be Parents. Principles, Programs, and Methods. Beverly Hills 1980
Hatzold, Otfried: Deutsches Familienforum. Die Partei der Familien. Entwurf eines Parteiprogramms. Hektographiertes Manuskript, München Dezember 1981

Hausen, Karin: Die Polarisierung der «Geschlechtscharaktere» – Eine Spiegelung der Dissoziation von Erwerbs- und Familienleben. In: Werner Conze (Hg.): Sozialgeschichte der Familie in der Neuzeit Europas. Stuttgart 1976, S. 363–401

– dies. (Hg.): Frauen suchen ihre Geschichte. Historische Studien zum 19. und 20. Jahrhundert. München 1983

Heintz, Bettina/Honegger, Claudia: Zum Strukturwandel weiblicher Widerstandsformen im 19. Jahrhundert. In: Honegger/Heintz 1981, S. 7–68

Helle, Horst J.: Soziokulturelle Bedingtheit der Eheformen – ihre Bedeutung für die Familientypen. In: Volker Eid/Laszlo Vaskovics (Hg.): Wandel der Familie – Zukunft der Familie. Mainz 1982, S. 75–93

– ders.: Verlust des Wertkonsenses: Vielfalt der Familienformen. In: Deutsche Liga für das Kind in Familie und Gesellschaft (Hg.): Familienpolitische Defizite unseres sozialen Systems. Weißenthurm 1984, S. 46–57

Hess, Sabine: Globalisierte Hausarbeit. Au-pair als Migrationsstrategie von Frauen aus Osteuropa. Wiesbaden 2004

Hochschild, Arlie Russell: Inside the Clockwork of Male Careers. In: Florence Howe (Hg.): Women and the Power to Change. New York 1975, S. 47–80

– dies.: Der 48-Stunden-Tag. Wege aus dem Dilemma berufstätiger Eltern. Wien 1990

– dies.: Global Care Chains and Emotional Surplus Value. In: Will Hutton/Anthony Giddens (Hg.): On the Edge. Living with Global Capitalism. London 2000, S. 130–146

Höhn, Charlotte u.a.: Kinderwünsche in Deutschland. Konsequenzen für eine nachhaltige Familienpolitik. Herausgegeben von der Robert-Bosch-Stiftung. Stuttgart 2006

Höpflinger, François: Kinderwunsch und Einstellung zu Kindern; Ehe, Kinder und Beruf. In: Hoffmann-Nowotny u.a. 1983, S. 77–181 und S. 185–201

Hoffmann-Nowotny, Hans-Joachim/Höpflinger, François/Kühne, Franz/Ryffel-Gericke, Christiane/Erni-Schneuwly, Denise: Planspiel Familie. Familie, Kinderwunsch und Familienplanung in der Schweiz. Diessenhofen 1984

Hondagneu-Sotelo, Pierrette: Doméstica. Immigrant Workers Cleaning and Caring in the Shadows of Affluence. Berkeley 2001

– dies./Avila, Ernestine: «I'm Here, But I'm There»: The Meanings of Latina Transnational Motherhood. In: Gender and Society, 11/1997, S. 548–571

Honegger, Claudia/Heintz, Bettina (Hg.): Listen der Ohnmacht. Zur Sozialgeschichte weiblicher Widerstandsformen. Frankfurt 1981

Hradil, Stefan: Bevölkerungsentwicklung und Gesellschaftsveränderung in den kommenden Jahrzehnten. In: Gegenwartskunde, 2001/Heft 3, S. 377–403

– ders.: Die Sozialstruktur Deutschlands im internationalen Vergleich. Wiesbaden 2004

Ibsen, Henrik: Nora oder ein Puppenheim. In: Dramen, Erster Band, München 1973, S. 757–830

Imhof, Arthur E.: Die gewonnenen Jahre. München 1981

– ders.: Die verlorenen Welten. München 1984

Immer diese Jugend! Ein zeitgeschichtliches Mosaik. 1945 bis heute. Herausgegeben vom Deutschen Jugendinstitut. München 1985

Janssen-Jurreit, Marielouise: Sexualreform und Geburtenrückgang – Über die Zusammenhänge von Bevölkerungspolitik und Frauenbewegung um die Jahrhundertwende. In: Annette Kuhn/Gerhard Schneider (Hg.): Frauen in der Geschichte. Düsseldorf 1979, S. 56–81

Jonas, Hans: Technik, Medizin und Ethik. Zur Praxis des Prinzips Verantwortung. Frankfurt 1985

Kaufmann, Franz-Xaver: Zukunft der Familie im vereinten Deutschland. Gesellschaftliche und politische Bedingungen. München 1995

– ders.: Schrumpfende Gesellschaft. Vom Bevölkerungsrückgang und seinen Folgen. Frankfurt 2005

– ders./Herlth, Alois/Quitmann, Joachim/Simm, Regina/Strohmeier, Peter: Familienentwicklung – generatives Verhalten im familialen Kontext. In: Zeitschrift für Bevölkerungswissenschaft, Heft 4/1982, S. 523–545

Kerner, Charlotte: Kinderkriegen. Ein Nachdenkbuch. Weinheim und Basel 1984

Key, Ellen: Missbrauchte Frauenkraft. Berlin 1905

Kiernan, Kathleen: Changing European Families: Trends and Issues. In: Jacqueline Scott/Judith Treas/Martin Richards (Hg.): The Blackwell Companion to the Sociology of Families. Blackwell 2004, S. 17–33

Kitzinger, Sheila: Mutterwerden über 30. München 1984

Kössler, Gottfried: Mädchenkindheiten im 19. Jahrhundert. Gießen 1979

Kohli, Martin: Gesellschaftszeit und Lebenszeit. Der Lebenslauf im Strukturwandel der Moderne. In: Johannes Berger (Hg.): Die Moderne. Kontinuitäten und Zäsuren. Soziale Welt, Sonderband 4, Göttingen 1986, S. 183–208

Korczak, Janusz: Das Recht des Kindes auf Achtung. Göttingen 1970

Kröhnert, Steffen/Medicus, Franziska/Klingholz, Reiner: Die demographische Lage der Nation. Internet-Kurzversion 2006 (das gleichnamige Buch ist 2006 bei dtv, München, erschienen)

Kröhnert, Steffen/Olst, Nienke van/Klingholz, Reiner: Emanzipation oder Kindergeld? Wie sich die unterschiedlichen Kinderzahlen in den Ländern Europas erklären. Berlin-Institut für Bevölkerung und Entwicklung 2004

Kühne, Franz: Familienplanung. In: Hoffmann-Nowotny u.a. 1984, S. 269–337

Langer-El Sayed, Ingrid: Familienpolitik. Tendenzen, Chancen, Notwendigkeiten. Frankfurt 1980

Lasch, Christopher: Haven in a Heartless World: The Family Besieged. New York 1977

Lempp, Reinhart: Familie im Umbruch. München 1986

Ley, Katharina: Von der Normal- zur Wahlbiographie? In: Martin Kohli/Günther Robert (Hg.): Biographie und soziale Wirklichkeit. Neue Beiträge und Forschungsperspektiven. Stuttgart 1984, S. 239–260

Luker, Kristin: Abortion and the politics of motherhood. Berkeley 1984

Margolis, Maxine L.: Mothers and Such. Views of American Women And Why They Changed. Berkeley 1984

Marschalck, Peter: Bevölkerungsgeschichte Deutschlands im 19. und 20. Jahrhundert. Frankfurt 1984

Mause, Lloyd de (Hg.): Hört ihr die Kinder weinen. Eine psychogenetische Geschichte der Kindheit. Frankfurt 1980 (1980a)

– ders.: Evolution der Kindheit. In: Mause 1980a, S. 12–111 (1980b)

McKenry, P./Walters, L./Johnson, C.: Adolescence Pregnancy: A Review of the Literature. In: The Family Coordinator, vol. 28, no. 1, Januar 1979, S. 17–28

McRobbie, Angela: Top Girls? Young Women and the Post-feminist Sexual Contract. Hektographiertes Manuskript. London 2005

Metz-Göckel, Sigrid/Müller, Ursula: Der Mann. Eine repräsentative Untersuchung über die Lebenssituation und das Frauenbild 20- bis 50jähriger Männer im Auftrag der Zeitschrift «Brigitte». Hamburg 1985

Mitscherlich, Alexander: Auf dem Weg zur vaterlosen Gesellschaft. München 1963

Mitterauer, Michael: Sozialgeschichte der Jugend. Frankfurt 1986

Monitor Familiendemographie: Familie ja, Kinder nein. Was ist los in Deutschland? Ausgabe 1–3, Jahrgang 2005

Movius, Margaret: Voluntary Childlessness – The Ultimate Liberation. In: The Family Coordinator, vol. 25, no. 1, Januar 1976, S. 57–64

Müller, Heidi: Dienstbare Geister. Leben und Arbeitswelt städtischer Dienstboten. Schriften des Museums für Deutsche Volkskunde Berlin. Berlin 1981

Münz, Rainer (Hg.): Leben mit Kindern. Wunsch und Wirklichkeit. Wien 1985

Myrdal, Alva/Klein, Viola: Women's two roles, home and work. London 1956

Newston, R. Heber: Womanhood. 1881

Nichteheliche Lebensgemeinschaften in der Bundesrepublik Deutschland. Schriftenreihe des Bundesministers für Jugend, Familie und Gesundheit, Band 170. Stuttgart/Berlin/Köln/Mainz 1985

Oeter, Karl/Nohke, Anke: Der Schwangerschaftsabbruch. Gründe, Legitimationen, Alternativen. Schriftenreihe des Bundesministers für Jugend, Familie und Gesundheit, Band 123. Stuttgart u.a. 1982

Onken, Julia/Onken, Maya: Hilfe, ich bin eine emanzipierte Mutter. Ein Streitgespräch zwischen Mutter und Tochter. München 2006

Ostner, Ilona/Krutwa-Schott, Almut: Krankenpflege – ein Frauenberuf? Frankfurt 1981

Packard, Vance: Our Endangered Children. Growing Up in a Changing World. Boston/Toronto 1983

Papanek, Hanna: Family Status Production: The «Work» and «Non Work» of Women. In: Signs, vol. 4/no. 4, Sommer 1979, S. 775–781

Pelz, Monika: Die Sicht der Betroffenen. In: Rainer Münz/Gerda Neyer/Monika Pelz: Frauenarbeit, Karenzurlaub und berufliche Wiedereingliederung. Veröffentlichung des Österreichischen Instituts für Arbeitsmarktpolitik, Heft XXX, Linz 1986, S. 299–344

Picht, Georg: Die deutsche Bildungskatastrophe. Freiburg 1964

Pifer, Alan/Bronte, Lydia: Introduction: Squaring the Pyramid. In: Daedalus, Band 115/Heft 1, Winter 1986, Sonderheft «The Aging Society», S.1–11

Postmann, Neil: Das Verschwinden der Kindheit. Frankfurt 1983

Praesent, Angelika: Vorwort. In: Das Rowohlt Lesebuch der neuen Frau. Reinbek 1983, S. 9–14

Pross, Helge: Über die Bildungschancen von Mädchen in der Bundesrepublik. Frankfurt 1969

– ders.: Die Männer. Reinbek 1978

Rayera, Lidia: Mein liebes Kind. München 1986

Reichert, Petra/Wenzel, Anne: Alternativrolle Hausfrau? In: WSI-Mitteilungen, Heft 1/1984, S. 6–14

Reim, Doris (Hg.): Frauen berichten vom Kinderkriegen. München 1984

Rerrich, Maria S.: Veränderte Elternschaft. Entwicklungen in der familialen Arbeit mit Kindern. In: Soziale Welt, Heft 4/1983, S. 420–449

– dies.: Familienbild und Familienalltag. Über aktuelle Folgen struktureller Widersprüche der traditionellen Familie. Dissertation, Bamberg 1987 (1987a)

– dies.: Dasselbe ist anders. Vom Wandel der familialen Alltagsarbeit. In: Gewerkschaftliche Monatshefte, Heft 4/1987, S. 230–239 (1987b)

– dies.: Kinder ja, aber ... Was es Frauen schwer macht, sich über ihre Kinderwünsche klar zu werden. In: Deutsches Jugendinstitut (Hg.): Wie geht's der Familie? Ein Handbuch zur Situation der Familien heute. München 1988, S. 59–66

– dies.: Auf dem Weg zu einer neuen internationalen Arbeitsteilung der Frauen in Europa? Beharrungs- und Veränderungstendenzen in der Verteilung von Reproduktionsarbeit. In: Lebensverhältnisse und soziale Konflikte im neuen Europa. Verhandlungen des 26. Deutschen Soziologentages in Düsseldorf 1992. Frankfurt: Campus 1993, S. 93–102

– dies.: Zusammenfügen, was auseinanderstrebt: Zur familialen Lebensführung von Berufstätigen. In: Ulrich Beck/Elisabeth Beck-Gernsheim (Hg.): Riskante Freiheiten. Individualisierung in modernen Gesellschaften. Frankfurt 1994, S. 201–218

– dies.: Die ganze Welt zuhause. Cosmobile Putzfrauen in privaten Haushalten. Hamburg 2006

Richmond-Abbott, Marie: Masculine and Feminine. Sex Roles over the Life Cycle. Reading 1983

Riesman, David: Die einsame Masse. Neuwied 1956

Roos, Peter/Hassauer, Friederike (Hg.): Kinderwunsch. Reden und Gegenreden. Weinheim/Basel 1982

Rosenbaum, Heidi: Formen der Familie. Untersuchungen zum Zusammenhang von Familienverhältnissen, Sozialstruktur und sozialem Wandel in der deutschen Gesellschaft des 19. Jahrhunderts. Frankfurt 1982

Rosenmayr, Leopold: Wege zum Ich vor bedrohter Zukunft. Jugend im Spiegel multidisziplinärer Forschung und Theorie. In: Soziale Welt, Heft 3/1985, S. 274–298

Rosenstiel, Lutz von/Spiess, Erika/Stengel, Martin/Nerding, Friedemann W.: Lust auf Kinder? Höchstens Eins. In: Psychologie heute, Mai 1984, S. 20–31

Rothman, Barbara Katz: Die freie Entscheidung und ihre engen Grenzen. In: Rita Arditti u.a. (Hg.): Retortenmütter. Frauen in den Labors der Menschenzüchter. Reinbek 1985, S. 19–30

– dies.: The Tentative Pregnancy. Prenatal Diagnosis and the Future of Motherhood. London 1988

Rutschky, Katharina (Hg.): Schwarze Pädagogik. Quellen zur Naturgeschichte der bürgerlichen Erziehung. Frankfurt 1977

Ryan, Mary P.: The Empire of the Mother. American Writing about Domesticity 1830–1860. Women & History, Numbers 2/3, New York 1982

Schäfer, Hans: Familienpolitische Defizite unseres sozialen Systems. In: Deutsche Liga für das Kind in Familie und Gesellschaft (Hg.): Familienpolitische Defizite unseres sozialen Systems. Weißenthurm 1984, S. 17–28

Schenk, Herrad: Die feministische Herausforderung. 150 Jahre Frauenbewegung in Deutschland. München 1980

Schirrmacher, Frank: Minimum. Vom Vergehen und Neuentstehen unserer Gemeinschaft. München 2006

Schlumbohm, Jürgen (Hg.): Kinderstuben. Wie Kinder zu Bauern, Bürgern, Aristokraten wurden, 1700–1850. München 1983

Schmidt-Relenberg, Norbert: Die Berufstätigkeit der Frau und die Familie in den Leitbildern von Abiturientinnen. In: Soziale Welt, Heft 2/1965, S. 133–150

Schütze, Yvonne: Die Geschwisterbeziehung im Sozialisationsprozeß. Ein historischer Überblick. In: Martin Baethge/Wolfgang Eßbach (Hg.): Soziologie. Entdeckungen im Alltäglichen. Festschrift zum 65. Geburtstag von Hans Paul Bahrdt. Frankfurt 1983, S. 44–64

– dies.: Die gute Mutter. Zur Geschichte des normativen Musters «Mutterliebe». Bielefeld 1986

Schulte, Regina: Bauernmägde in Bayern am Ende des 19. Jahrhunderts. In: Hausen 1983, S. 110–127

Schumacher, Jürgen: Partnerwahl und Partnerbeziehung. In: Zeitschrift für Bevölkerungswissenschaft, Nr. 4/1981, S. 499–518

Schwarz, Karl: Zur Problematik der unerfüllten Kinderwünsche. In: Zeitschrift für Bevölkerungswissenschaft, Heft 3/1983, S. 401–411

Sechster Jugendbericht: Verbesserung der Chancengleichheit von Mädchen in der Bundesrepublik Deutschland. Dazu Stellungnahme der Bundesregierung zum Sechsten Jugendbericht. Bundestagsdrucksache 10/1007, 15.02.84.

Seidenspinner, Gerlinde/Burger, Angelika: Mädchen '82. Eine Untersuchung im Auftrag der Zeitschrift «Brigitte», Bericht und Tabellen. Hamburg 1982

Shorter, Edward: Female Emancipation, Birth Control and Fertility in European History. In: American Historical Review, vol. 78/1973, S. 605–640

– ders.: Die Geburt der modernen Familie. Reinbek 1977

Sichrovky, Peter: Mutterglückspillen. In: Kursbuch Nr. 76, Juni 1984: Die Mütter, S. 34–42

Sichtermann, Barbara: Ein Stück neuer Weltlichkeit: der Kinderwunsch. In: Freibeuter Nr. 5, Oktober 1980, S. 37–46

– dies.: Leben mit einem Neugeborenen. Ein Buch über das erste halbe Jahr. Frankfurt 1981

– dies.: Vorsicht, Kind. Eine Arbeitsplatzbeschreibung für Mütter, Väter und andere. Berlin 1982

– dies.: Zum neuen deutschen Mütter-Ekel. In: Freibeuter, Heft 21, 1984, S. 137–139

– dies.: Der Feminismus der CDU. In: Helmut Dubiel (Hg.): Populismus und Aufklärung. Frankfurt 1986, S. 133–139

Siebter Familienbericht: Familie zwischen Flexibilität und Verläßlichkeit. Perspektiven für eine lebenslaufbezogene Familienpolitik. Bundestagsdrucksache 16/1360, 26.4.2006

Simmel, Monika: Erziehung zum Weibe. Mädchenbildung im 19. Jahrhundert. Frankfurt 1980

Skolnick, Arlene: Public Images, Private Realities: The American Family in Popular Culture and Social Science. In: Virginia Tufte/Barbara Myerhoff (Hg.): Changing Images of the Family. New Haven/London 1979, S. 297–315

Smith, Daniel Scott: Geburtenbeschränkung, Sexualkontrolle und häuslicher Feminismus im viktorianischen Amerika. In: Honegger/Heintz 1981, S. 301–325

Sommerkorn, Ingrid: Biographische Notizen einer späten Karrieremutter. In: Alma Mater. Mütter in wissenschaftl. Institutionen. München 1982

Spitz, Rene A.: The First Year of Life. New York 1965

Statistisches Bundesamt: Im Blickpunkt. Frauen in Deutschland 2006. Wiesbaden 2006

Steinbeck, John: Amerika und die Amerikaner. Luzern 1966

Stoehr, Irene: «Organisierte Mütterlichkeit». Zur Politik der deutschen Frauenbewegung um 1900. In: Hausen 1983, S. 221–249

Stössinger, Verena: Nina. Bilder einer Veränderung. In: Dies./Beatrice Leuthold/Franziska Mattmann: Muttertage. Leben mit Mann, Kindern und Beruf. Bern 1980, S. 9–70

Stone, Lawrence: The Family, Sex and Marriage in England, 1500–1800. Abridged Edition. New York 1979

Süssmuth, Rita: Der Vater als Bezugsperson des Kindes. In: Heiner Geißler (Hg.): Abschied von der Männergesellschaft. Frankfurt/Berlin 1986, S. 33–46

The Boston Women's Health Book Collective: Unser Körper, unser Leben. Band 1 und 2. Reinbek 1980

Tilly, Charles (Hg.): Historical Studies of Changing Fertility. Princeton 1978 (1978a)

– ders.: The Historical Study of Vital Processes. In: Ders. (Hg.): Historical Studies of Changing Fertility. Princeton 1978, S. 3–55 (1978b)

Tilly, Louise A./Scott, Joan W.: Women, Work, and Family. New York 1978

Tolstoja, Sofia Andrejewna: Tagebücher 1862–1897. Königstein 1982

Tornieporth, Gerda: Studien zur Frauenbildung. Ein Beitrag zur historischen Analyse lebensweltorientierter Bildungskonzeptionen. Weinheim/ Basel 1979

Urdze, Andrejs/Rerrich, Maria S.: Frauenalltag und Kinderwunsch. Entscheidungsgründe für oder gegen weitere Kinder bei Müttern mit einem Kind. Frankfurt 1981

Vogt-Hagebäumer, Barbara: Schwangerschaft ist eine Erfahrung, die die Frau, den Mann und die Gesellschaft angeht. Reinbek 1977

Wagnerova, Alena: Scheiden aus der Ehe. Anspruch und Scheitern einer Lebensform. Reinbek 1982

Wahl, Klaus/Tüllmann, Greta/Honig, Michael-Sebastian/Gravenhorst, Lerke: Familien sind anders! Reinbek 1980

Walter, Wolfgang/Künzler, Jan: Parentales Engagement. Mütter und Väter im Vergleich. In: Norbert F. Schneider/Heike Mathias-Bleck (Hg.): Elternschaft heute. Gesellschaftliche Rahmenbedingungen und individuelle Gestaltungsaufgaben. Zeitschrift für Familienforschung, Sonderheft 2. Opladen 2002, S.95–119

Weltz, Friedrich/Diezinger, Angelika/Lullies, Veronika/Marquardt, Regine: Aufbruch und Desillusionierung. Junge Frauen zwischen Beruf und Familie. Forschungsberichte des Soziologischen Forschungsinstituts Göttingen. Göttingen 1978

Wetterer, Angelika/Walterspiel, Gabriela: Der weite Weg von den Rabenmüttern zu den Wunschkindern. Zur Logik der Bevölkerungsentwicklung seit dem Mittelalter. In: Häussler u.a. 1983, S. 15–57

Wilberg, G.: Zeit für uns. Ein Buch über Schwangerschaft, Geburt und Kind. Frankfurt 1981

Wilbrandt, Robert: Die deutsche Frau im Beruf. Handbuch der Frauenbewegung, Band IV, herausgegeben von Helene Lange/Gertrud Bäumer. Berlin 1902

Willms, Angelika: Grundzüge der Entwicklung der Frauenarbeit von 1880 bis 1980. In: Walter Müller/Angelika Willms/Johann Handl: Strukturwandel der Frauenarbeit 1880–1980. Frankfurt 1983, S. 25–54 (1983a)

– dies.: Segregation auf Dauer? Zur Entwicklung des Verhältnisses von Frauenarbeit und Männerarbeit in Deutschland 1882–1980. In: Walter Müller/Angelika Willms/Johann Handl: Strukturwandel der Frauenarbeit 1880–1980. Frankfurt 1983, S. 107–182 (1983b)

Wingen, Max: Kinder in der Industriegesellschaft – wozu? Analysen, Perspektiven – Kurskorrekturen. Zürich 1982

Woolf, Virginia: Three Guineas. London 1977

Wysocki, Gisela von: Die Fröste der Freiheit. Aufbruchsphantasien. Frankfurt 1980